나라를 지킨
우리 역사 속 전쟁

나라를 지킨 우리 역사 속 전쟁

초판 1쇄 발행 2021년 7월 10일
초판 2쇄 발행 2023년 11월 15일

지은이 김시은
그린이 이은주
펴낸이 구모니카
디자인 양선애
마케팅 신진섭
펴낸곳 M&K
등록 제7-292호 2005년 1월 13일
주소 경기도 고양시 일산서구 고양대로 255번길 45, 903동 1503호(대화동, 대화마을)
전화 02-323-4610
팩스 0303-3130-4610
E-mail sjs4948@hanmail.net
bolg blog.daum.net/mnk

ISBN 979-11-91527-05-6 73910

※ 값은 뒤표지에 있습니다. 잘못된 책은 바꾸어 드립니다.

CQ놀이북

나라를 지킨 우리 역사 속 전쟁

김시은 글 · 이은주 그림

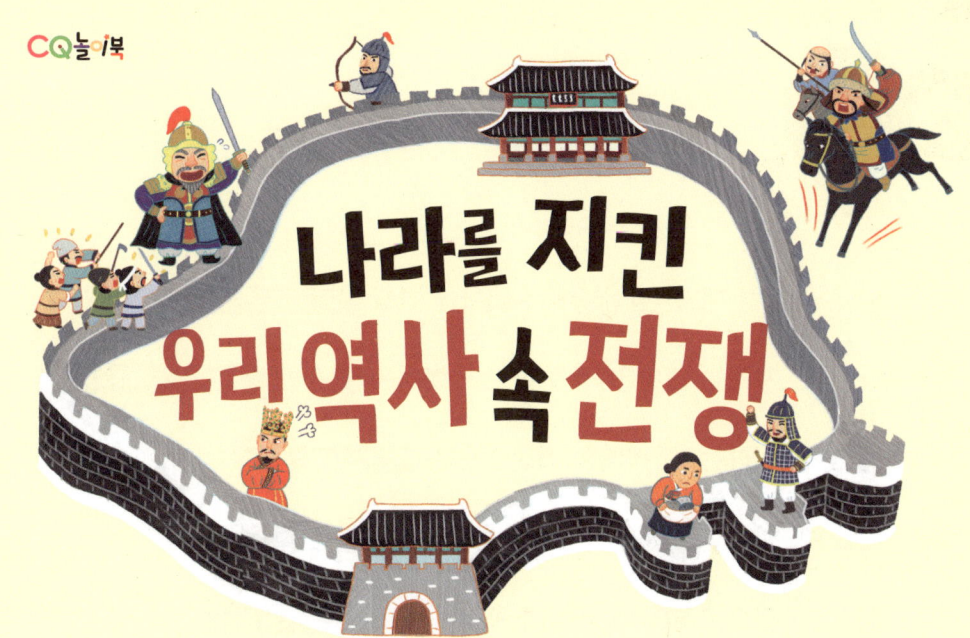

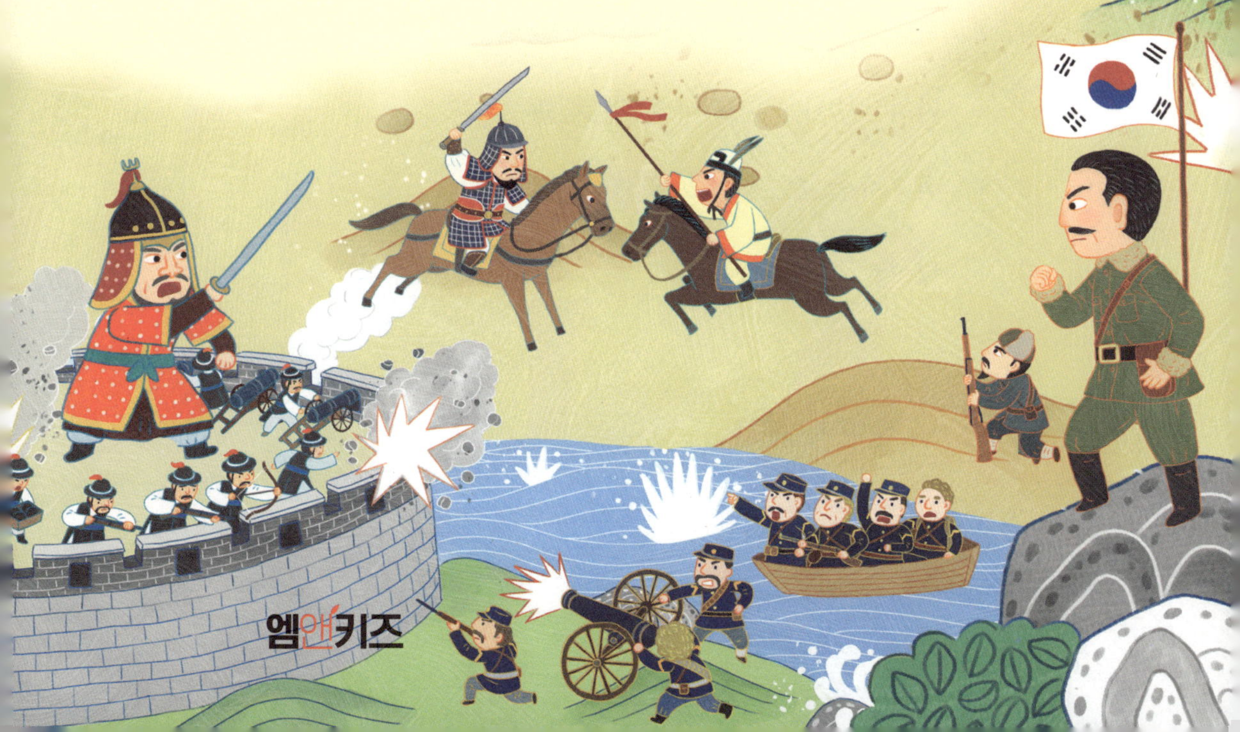

엠앤키즈

차례

- 6 • 2천 년 전 한반도에서 일어난 전쟁 `고조선과 한나라 전쟁`
- 14 • 광개토 대왕은 왜 한반도 남쪽까지 왔을까 `왜나라를 정벌한 고구려`
- 22 • 신라는 왜 백제를 배신했을까 `관산성 전투`
- 30 • 항복한 척하면서 뒤통수를 친 을지문덕 `살수대첩`
- 38 • 앞으로 고구려는 절대 공격하지 마라 `안시성 전투`
- 46 • 계백 장군과 5천 결사대 `황산벌 전투`
- 54 • 한반도를 삼키려는 검은 속을 모를 줄 알고? `매소성, 기벌포 전투`
- 62 • 마지막 승자는 바로 나 `공산성 전투`
- 70 • 싸우지 않고도 이긴 싸움 `서희의 담판`
- 78 • 다시는 고려 땅을 넘보지 말 것 `귀주대첩`

- 86 · 이제부터 여기가 조선의 국경이다 `4군 6진 개척`
- 94 · 한양을 되찾기 위해 꼭 지켜야 할 곳 `행주대첩`
- 102 · 신에게는 아직 배 열두 척이 있습니다 `명량대첩`
- 110 · 영원한 오랑캐는 없다 `병자호란`
- 118 · 우리 문화재가 프랑스에 있는 까닭 `병인양요`
- 126 · 불타는 제너럴 셔먼호와 쇄국 정책 `신미양요`
- 134 · 한반도의 역사를 뒤흔든 불평등 조약 `강화도 조약`
- 142 · 저 산만 넘으면 조선 땅인데 `봉오동 전투, 청산리 대첩`
- 150 · 슬픈 전쟁의 시작 `한국 전쟁 발발과 낙동강 전투`
- 158 · 진정한 영웅이란 `중공군 춘계 공세와 휴전`
- 166 · 작가의 말

2천 년 전 한반도에서 일어난 전쟁
고조선과 한나라 전쟁

아시아 대륙 동쪽 끝 한반도에 자리 잡고 사는 우리 민족을 '한민족'이라고 해요. 한민족은 처음 어떻게 시작되었을까요? 아주 오래전 이야기인데요, 사람이 되고 싶었던 곰과 호랑이 이야기부터 살펴봐야 해요.

"저희도 사람이 되어 환웅 님의 백성으로 행복하게 살고 싶습니다."

하늘을 다스리는 환인의 아들 환웅이 땅에 내려와 다스린 덕분에 이 땅의 사람들이 평화롭게 지내고 있을 때였지요. 그 모습을 부러워한 곰과 호랑이가 사람이 되고 싶어 환웅을 찾아왔어요. 사람이 되고 싶다고 조르는 곰과 호랑이에게 환웅은 신비한 쑥과 마늘을 주며 말했어요.

"이 쑥과 마늘을 먹고 100일 동안 햇빛을 보지 않는다면 너희도 사람이 될 것이다."

곰과 호랑이는 사람만 될 수 있다면 무엇이든 할 수 있을 것 같았어요. 그래서 쑥과 마늘을 가지고 깊은 굴속으로 들어갔답니다. 쉬운 일은 아니었어요. 특히 다른 짐승을 잡아먹으며 살던 호랑이는 더욱 힘들었지요. 결국 호랑이는 굴을 뛰쳐나갔고, 곰은 환웅의 말대로 쑥과 마늘을 먹고 하루하루 견뎌 냈어요.

그렇게 지낸 지 21일이 지나자 곰은 정말 사람이 되었어요. 사

람이 된 곰, 웅녀는 결혼도 하고 싶었어요. 하지만 신랑감이 나타나지 않았어요. 그래서 환웅이 잠시 사람으로 변해 웅녀와 결혼했고, 둘 사이에서 아들이 태어났답니다. 이 아들이 바로 한민족의 첫 번째 나라 고조선을 세운 단군왕검이에요.

곰이 조상이라니, 말도 안 되는 이야기 같지요? 이 이야기는 곰을 섬기던 부족이 살던 곳에 청동기 문화를 가진 환웅 부족이 옮겨 왔고, 두 부족이 힘을 합쳐 나라를 세운 것을 설명해 준답니다. 호랑이를 섬기던 부족은 이때 힘을 합치지 않은 것이지요.

단군왕검이 처음 나라를 세운 곳은 백두산 북쪽 만주와 지금의 중국 요령 지역이었지만, 중국 연나라의 공격으로 그 땅들을 내주고 지금의 평양으로 수도를 옮겼어요. 예전부터 고조선은 중국과는 다른 독특한 청동기 문화를 발달시키며 발전했는데, 이때부터는 중국에서 청동기보다 더 강한 철기 도구를 받아들여 쓰기 시작했어요.

고조선 주변에는 부여, 옥저, 동예 등 여러 나라가 있었고, 남쪽에도 작은 나라들이 있었어요. 동예와 남쪽에 있는 작은 나라들은 고조선을 통하지 않고는 중국 한나라와 무역을 할 수 없었어요.

"한나라에서 살 물건이 있다고? 우리가 사 놓은 게 있으니까 우리한테서 사. 좀 비쌀 수도 있지만 통행료라 생각해."

고조선은 중국과 이 작은 나라들이 직접 무역을 하지 못하게 막고, 중간에서 이익을 많이 챙겼어요. 동예와 남쪽 나라들은 울며 겨자 먹기로 더 비싼 값에 물건을 사야 했지요.

한나라는 고조선이 몹시 괘씸했어요. 고조선은 한나라에 조공(작은 나라가 큰 나라에 예물을 바치는 일)도 하지 않았고, 남쪽에 있는 나라들이 한나라에 조공하는 것도 방해했거든요. 게다가 한나라의 속을 썩이던 흉노족과 손을 잡으려고도 했어요.

한나라 황제인 무제는 고조선에 섭하라는 사신을 보냈어요.

"앞으로는 흉노족과 친하게 지내지 말고, 공손하게 한나라에 조공도 하고, 동예나 남쪽 나라 사람들이 한나라와 편하게 왕래하도록 길을 터 주도록 하여라."

섭하를 통해 무제의 이야기를 전해 들은 고조선의 우거왕은 고개를 가로저었어요.

"싫다! 우리가 왜 그래야 하지? 우린 아쉬울 게 없어!"

우거왕은 자신의 답장을 들고 돌아가는 섭하를 배웅하라고 장수 한 명을 같이 보냈어요. 그런데 섭하가 이 고조선 장수를 죽였지 뭐예요. 임무를 마치지 못하고 돌아가면 무제에게 혼날까 봐

그랬을지도 몰라요.

한나라 무제는 그런 섭하에게 고조선 국경에서 가까운 요동 지역을 다스리라고 맡겼어요. 이번에는 고조선 우거왕의 속이 부글부글했어요.

"우리 장수를 죽인 섭하를 그냥 둘 순 없다."

우거왕은 요동에 군대를 보내 섭하를 죽였어요.

이 일로 큰 전쟁이 벌어졌어요. 커다란 나라 중국과 한반도의 작은 나라가 부딪친 첫 번째 전쟁이었지요. 한나라는 육지와 바다 양쪽으로 군대를 보냈어요. 한나라 수군이 육지에 오르는 모습을 본 고조선군은 먼저 달려 나와 한나라의 수군을 공격했어요.

"기습이다! 어서 전열을 갖춰라!"

미처 싸울 준비가 되어 있지 않던 한나라 수군은 허둥지둥 전열을 갖추었지만, 크게 패배하고 배를 돌려 도망쳐 버렸어요.

육지 쪽도 마찬가지였어요. 한나라군은 고조선군의 상대가 되지 않았어요. 기세 좋게 달려와 공격한 한나라가 오히려 싸움에 지고 말았어요. 한나라는 작은 나라 고조선을 얕보았지만, 고조선은 작아도 호락호락한 상대는 아니었던 거예요.

서로 공격하고, 막아 내고를 반복하며 전쟁은 1년이나 계속되었지요. 고조선은 한나라의 공격을 잘 막아 냈지만, 전쟁이 너무 오래되자 나라가 점점 어지러워졌어요.

"계속 싸워야 합니다."

"한나라에 항복해야 합니다. 더 이상 피해를 입으면 우리나라도 위태롭습니다."

계속 싸울지 아니면 한나라에 항복할 것인지를 두고 다툼이 벌어졌어요. 그리고 이 다툼 때문에 우거왕은 어이없게도 신하의 손에 죽임을 당하고, 결국 얼마 후 고조선은 멸망하고 말았어요. 한나라는 한반도를 직접 다스리겠다며, 고조선이 있던 곳에 낙랑군, 임둔군, 진번군, 현둔군 등 4개의 군을 설치했어요.

청동기 시대의 무기
비파형 동검

'청동기 시대'는 청동으로 만든 도구들을 썼다고 해서 이런 이름이 붙었어요. 옆에 있는 사진의 도구는 청동으로 만든 칼이에요. 부엌에서나 일상생활에서 쓰는 칼은 아니고, 전쟁 때 적과 싸우는 데 썼던 무기예요.

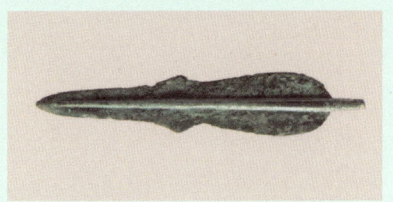

비파형 동검(ⓒ국립중앙박물관)

사진에 있는 것은 칼의 날 부분이고, 손잡이는 따로 만들어 끼워 썼어요. 날이 둥글면서도 길쭉한 것이 악기 '비파'를 닮았다고 해서 '비파형 동검'이라고 불러요.

이런 모양의 청동검은 고조선이 있었던 요령 지역과 한반도에서 많이 발견되었어요. 손잡이와 날 부분을 같이 만드는 중국식 동검이나 이후에 발견되는 한국식 세형동검과는 확실히 다르게 생겼어요.

이 시대에 함께 썼던 도구로는 반달 돌칼 같은 농기구가 많이 발견되는데, 청동은 농기구로 쓰기에는 너무 물렀기 때문이에요. 청동보다 더 강한 재료인 철을 사람들이 다룰 수 있게 되면서부터는 청동 대신 철로 칼을 만들어 쓰기 시작했어요.

광개토 대왕은 왜 한반도 남쪽까지 왔을까
왜나라를 정벌한 고구려

"우리끼리 잘사는데, 뭘 우리를 다스리겠다는 거야? 임둔, 진번, 현둔, 낙랑, 다 나가!"

한반도에 살던 사람들은 자신들을 다스리겠다고 들어와 자리 잡은 한나라 세력을 점차 한반도에서 몰아냈어요. 한반도에 살던 이 사람들이 모두 우리 한민족의 조상들이지요.

지금은 한반도에 있는 남한과 북한 사람 모두를 '단군의 자손', '한민족'이라고 해요. 그런데 아주 오래전 한반도에는 우리 민족이 여러 부족으로 나뉘어 살았어요. 그중에서 나라라고 할 만큼 큰 세력을 갖추었던 나라는 고구려, 백제, 신라, 가야 등이었어요.

한반도의 남동부, 지금의 경주에서 생겨난 나라인 신라는 가장 나중에 생긴 나라이기도 하고, 힘이 그렇게 센 나라는 아니었어요. 그래서 힘이 센 백제와 고구려 사이에서 때로는 공격을 당하기도 하고 때로는 도움을 받기도 하면서 조금씩 힘을 키워 가고 있었지요.

그러던 어느 날, 신라의 왕이 급히 고구려에 사신을 보냈어요.

"백제가 지금 바다 건너에 있는 왜나라(지금의 일본)와 함께 힘을 합쳐 우리 신라를 공격하고 있습니다. 신라 혼자만의 힘으로는 막을 수 없으니, 부디 고구려에서 군대를 보내어 저들을 물리쳐 주시기를 간청합니다."

고구려에 사신을 보낸 이 왕은 신라의 내물 마립간(신라 때에 임금을 이르는 말)이에요. 이즈음에는 신라가 정치 제도도 제대로 마련하고, 김씨 왕족만이 왕위를 계속 이어 가며 나라의 힘이 많이 커졌을 때였어요.(그전까지는 박씨, 석씨, 김씨가 돌아가면서 왕위에 올랐어요.) 그런데도 왜나라와 연합한 백제를 물리칠 힘은 모자랐던 것이지요.

"북방의 적들이 시시때때로 고구려를 노리니 군사가 넉넉하지는 않으나, 힘 약하고 작은 나라라 하여 이웃을 침범하는 백제를 가만둘 수는 없다. 군사 5만 명을 지금 남쪽으로 보내어 왜나라와 백제에 힘을 어떻게 써야 하는지 본보기를 보여 주어라."

　고구려 출신 사람들이 한강 유역으로 내려와 세운 나라인 백제는 일찍부터 힘을 키워 바다 건너 중국과 교류했고, 왜나라와도 친하게 지냈어요. 그러니 안 그래도 힘이 약한 신라는 백제와 왜나라가 함께 공격하면 당해 내기가 힘들었지요.
　이때 신라에 군사를 보낸 고구려의 왕은 광개토 대왕이었어요. 사실 광개토 대왕은 백제가 호시탐탐 고구려 땅을 탐내서 못마땅하던 참이었어요.

고구려와 신라, 백제 중에 가장 먼저 생겨난 나라는 고구려였어요. 지금의 북한은 압록강, 백두산, 두만강이 국경인데, 그때는 압록강, 두만강을 넘으면 있는 중국과 러시아 땅 일부도 고구려의 영토일 만큼 고구려는 힘이 아주 센 나라였어요.

고구려의 북쪽에는 주로 양과 말들을 키우며 이동 생활을 하는 유목 민족들이 있었어요. 이들은 자신들이 사는 곳보다 남쪽에 있는 고구려의 영토를 탐내어 자주 침범해 왔어요.

"북쪽의 오랑캐들이 또 국경을 침범했다고 합니다."

"잘 되었다. 이참에 다시는 기웃대지 못하게 혼쭐을 내 주어라."

고구려는 이들의 공격을 막아 내었고, 한편으로는 고구려의 영토를 더 넓힐 기회로 삼기도 했어요.

고구려는 남쪽으로도 영토를 넓히고 싶었어요. 한반도는 남쪽이 날씨도 더 따뜻하고 농사짓기도 좋은 땅이 많았거든요. 무엇보다 백제가 자꾸 북쪽으로 영토를 넓히려고 해서 그것도 막아야 했지요.

기나긴 고구려 역사 속에서도 가장 땅을 많이 넓혔던 왕은 광개토 대왕이었어요. 광개토 대왕이라는 이름은 왕이 죽은 뒤에 붙여 주는 이름인 시호인데, 아주 넓은 영토를 개척한 왕이라는 뜻이에요.

　광개토 대왕은 왕위에 오른 지 얼마 되지 않았을 때부터 백제와 다툼이 많았던 지역에 군사를 보내 백제의 성을 많이 빼앗았어요. 땅을 되찾고 싶었던 백제와 절대로 돌려주기 싫은 고구려는 아주 오랫동안 여러 번에 걸쳐 싸움을 이어 나갔어요.

　그러다 399년에는 고구려에 땅을 빼앗긴 백제가 왜나라와 힘을 합쳐서 고구려와 친한 신라를 먼저 공격한 것이었어요.

　"힘센 고구려보다는 힘이 약한 신라를 공격하는 것이 더 쉽지."

　백제는 왜나라는 물론이고 친하게 지내던 가야까지 끌어들여 연합군을 만들었어요.

　세 나라가 합세한 연합군이 공격해 오자, 신라의 내물왕은 깜짝 놀라서 고구려에 도움을 청했고, 광개토 대왕은 5만 명이나 되는 군사를 보내서 왜나라와 백제를 신라 땅에서 완전히 몰아냈어요. 그리고 얼마 동안 신라에 군대를 머물게 하면서 신라 남쪽에 있던 가야도 공격했어요.

　고구려의 도움으로 신라는 큰 위기를 넘겼지만, 사실 이것도 공짜는 아니었어요. 고구려는 신라가 계속 약하고 작은 나라로 고구려의 말을 잘 들으며 지내기를 바랐거든요.

"휴, 도움을 받을 때는 좋았는데……."

신라는 한동안 고구려에 왕의 동생을 인질로 보내거나 조공을 바치며 끌려다녀야 했어요. 하지만 큰 위기를 넘긴 신라는 점차 발전하고 힘이 세졌어요.

> **영락 9년** 신라가 사신을 보내어 전일에 이미 대왕의 덕망 아래 신하가 되었음을 전제로 국경에 침략한 왜구를 격퇴하여 줄 것을 요청하였다.
>
> **영락 10년** 이를 명분으로 영락 10년에 왕은 5만의 군사를 파견하여 낙동강 유역에서 왜를 격퇴하고, 가야를 복속시키는 한편 신라를 구원하였다. 그 결과 이전과는 달리 신라 국왕이 직접 고구려에 조공하였다.
>
> -〈광개토 대왕릉비〉 중에서

※ 영락: 고구려 광개토 대왕이 다스리던 때의 연도를 세기 위해 붙인 이름이에요. 우리나라 최초로 스스로 만들어 쓴 연호랍니다.

돌에 새긴 전쟁의 역사
광개토 대왕릉비

유물로 엿보는 전쟁 이야기

사람 키보다 몇 배나 더 큰 이 비석은 누가 세웠을까요? 비석에 새겨진 글의 주인공은 광개토 대왕이지만 비석을 세운 사람은 광개토 대왕의 아들이자 뒤를 이어 왕이 된 장수왕이에요.

비석에는 고구려가 어떻게 세워졌는지에 대한 내용과 함께 광개토 대왕의 업적을 한자로 새겼어요. 광개토 대왕은 이름처럼 고구려의 땅을 넓힌 임금이어서, 전쟁을 하고 땅을 넓힌 내용과 주변 나라와 힘겨루기를 한 내용이 대부분이에요.

광개토 대왕릉비는 414년에 세워졌는데, 사면에 걸쳐 모두 1,775자의 글자가 새겨져 있어요.

1,600년도 넘는 긴 시간 동안 비석은 한 자리를 지키고 있었지요. 중국의 여러 왕조들이 한반도를 공격할 때 수많은 군사들이 이 비석을 지나쳐 갔을 거예요. 광개토 대왕릉비는 지금은 중국 땅이지만 고구려의 유적이 많이 남은 지린성 지안현에 여전히 위풍당당한 모습으로 서 있어요.

광개토 대왕릉비
(ⓒ국립중앙박물관)

신라는 왜 백제를 배신했을까
관산성 전투

고구려의 광개토 대왕이 세상을 떠난 뒤 아들 장수왕이 왕위에 올랐어요.

"이제 우리 수도는 평양으로 할 것이다."

고구려의 수도는 압록강 북쪽에 있는 국내성이었는데, 장수왕은 훨씬 더 남쪽 대동강 유역에 있는 평양성으로 수도를 옮겼지요.

중국이 여러 나라로 갈라져 고구려를 침범하지 않는 틈을 타 한반도 남쪽으로 영토를 넓히려는 것이었어요.

한때 왜나라의 공격을 물리쳐 달라고 요청할 만큼 신라와 고구려는 가까운 사이였지만, 장수왕이 영토를 넓히려고 자꾸 남쪽으로 내려오자 신라는 위기를 느꼈어요.

"고구려가 평양성으로 도읍을 옮겼다 합니다. 분명 우리 신라와 백제를 공격하려는 속셈입니다. 지금 고구려 왕도 광개토 대왕 못지않게 강합니다. 우리는 고구려를 당해 낼 힘이 부족하니, 백제와 동맹을 맺어 서로 돕는 것이 어떻겠습니까?"

고구려가 남쪽으로 내려오면 위태로운 것은 백제도 마찬가지였어요. 한때 서로 공격하고 방어하며 전쟁을 치렀던 사이지만 백제와 신라는 고구려에게 공격을 당하면 군대를 보내 서로 돕기로 하고 동맹을 맺었어요.

그러던 어느 날 정말 고구려 장수왕이 3만 명이나 되는 대군을 이끌고 백제를 침략했어요. 백제의 수도는 한성(지금의 서울)이었는데, 고구려의 공격으로 힘없이 수도를 빼앗기고 말았어요. 게다가 이 전투로 백제의 개로왕까지 전사했지요.

신라가 전투를 돕기 위해 동맹군을 보냈을 때는 이미 한성이 함락된 후였어요. 수도를 웅진성(지금의 공주)으로 옮긴 백제는 고구려에 한성을 빼앗긴 것이 두고두고 한이었어요. 한강 유역은 꼭 지켜야 할 중요한 요새였기 때문이지요.

"개로왕이 전쟁에서 죽고 나니, 백제 왕은 이름만 왕이지 꼭 허수아비 같구나. 나라의 군대를 강하게 키워야 할 때, 귀족들이 자기 군대를 꾸리고 자기 잇속만 챙기니 한심스럽다. 나는 백제의 힘을 키워 반드시 한성을 되찾고야 말리라."
 551년, 마침내 백제의 성왕은 동맹국인 신라, 가야와 함께 한성을 되찾기 위해서 고구려를 공격했어요. 백제군이 먼저 평양을 공격하고, 신라와 가야는 뒤를 이어 한강 유역을 점령했던 고구려군을 몰아내는 데 성공했지요. 이 승리로 백제는 한강 하류에 있는 지역을, 신라는 한강 상류에 있는 지역을 차지했어요.

백제는 전쟁이 끝나면 신라가 점령한 옛 백제 땅을 백제에 넘겨 줄 거라고 생각했어요. 하지만 군대를 보낸 신라 진흥왕의 생각은 달랐어요.

"이 지역을 신라가 갖게 된다면 장차 서해안 바닷길을 열어 중국 대륙으로 이어 주는 다리가 될 것이다."

한강 유역을 차지해 서해안으로 연결되는 통로가 생긴다면, 신

라는 백제나 고구려를 통하지 않고 직접 중국과 무역을 할 수 있는 길이 생기게 되니까요.

신라는 그동안 지증왕, 법흥왕 등을 거치며 꾸준히 나라 힘을 키워 왔어요. 백제의 공격을 혼자서 막지 못해 고구려에 도움을 요청할 정도로 힘이 약했던 예전의 신라가 아니었지요.

"우리 신라를 만만히 보면 안 되지."

신라는 한강 상류의 땅을 백제에 돌려주지 않았고 오히려 백제를 공격해 한강 하류 지역까지 모두 점령해 버렸어요. 그리고 이곳을 신라의 새로운 땅 '신주'로 정하고, 아찬 김무력을 군주로 보내 지키게 했어요.

수십 년 만에 겨우 되찾은 땅을 신라의 배신으로 빼앗긴 백제 성왕은 얼마나 분했을까요? 신라는 백제와 동맹을 깬 것도 모자라 뒤로는 고구려와 짜고 백제를 배신한 것이었어요.

"신라를 가만두지 않으리라."

부글부글 화가 난 성왕은 태자 부여창을 보내 신라의 관산성(지금의 충청북도 옥천)을 공격했어요. 여전히 백제의 동맹국이었던 가야와 함께였지요.

관산성에서 신라는 백제, 가야 연합군에게 크게 졌어요. 하지만 신라도 가만히 앉아서 관산성을 빼앗길 수는 없었지요. 신주 군주 김무력이 군사를 이끌고 관산성을 되찾으려고 달려왔어요.
"배신자 신라의 패배를 내 눈으로 직접 보리라."
성왕도 태자가 이끄는 전투를 응원하려고 관산성으로 향했어요. 하지만 길목에 숨어 있던 김무력의 부하에게 공격을 당해 그만 전사하고 말았어요. 또다시 전쟁터에서 왕을 잃은 백제군은 이번에도 사기를 잃고 패배할 수밖에 없었지요.

관산성도 지키고, 한강 유역의 땅도 모두 지킨 신라는 이후에도 계속 힘을 키우고, 영토를 넓혀 갔어요.

고구려, 백제, 신라 세 나라는 그때그때 힘의 크기에 따라 서로 동맹을 맺기도 하고 공격하기도 하면서 발전했는데, 이 전투 이후 백제는 신라와 다시는 동맹을 맺지 않았어요.

> 554년 백제 왕 성왕이 가야와 함께 와서 관산성을 공격하였다. 군주 각간 우덕과 이찬 탐지 등이 맞서 싸웠으나 패하였다. 신주 군주 김무력이 주병을 이끌고 나아가 서로 맞붙어 싸웠는데, 부하 장수 고간 도도가 갑자기 공격하여 백제 왕을 죽였다. 이에 여러 군대들이 승세를 타고 크게 이겨 좌평 4명과 사졸 2만 9600명의 목을 베었고, 한 필의 말도 돌아간 것이 없었다.
>
> - 《삼국사기》〈신라본기〉 중에서

말도 갑옷을 입는다
기마 인물형 토기

옆의 사진을 보세요. 인형처럼 생겼지만 말을 탄 사람의 모양을 한 잔이에요. 그래서 이름이 '기마 인물형 토기'랍니다. 말 엉덩이 부근에서 삐죽하게 솟은 두 뿔 부분이 잔이에요. 아마 물이나 술을 담아 마셨을 거예요.

이 토기는 경상남도 김해에서 발견된 가야의 유물이에요. 말에 탄 사람은 갑옷을 입고, 투구를 썼어요. 왼손에는 방패를, 오른손에는 창을 들었지요. 이렇게 말을 탄 병사를 기병이

가야 기마 인물형 토기
(ⓒeggmoon)

라고 하는데, 창과 방패만 든 병사보다 훨씬 빠른 속도로 앞서 나가 적과 싸울 수 있어요. 적의 공격을 피할 수 있도록 말도 갑옷을 입었어요. 삼국 시대 즈음에 병사들이 어떤 무기를 들고 전쟁에 나갔는지 짐작해 볼 수 있게 하는 유물이에요.

이 지역에서 발견된 유물 중에서 쓰임을 몰랐던 것들이 있었는데, 이 토기가 발견되면서 그것이 말에게 입혔던 갑옷의 파편이라는 것을 알 수 있었답니다. 국립 경주 박물관에 가면 실물을 볼 수 있어요.

항복한 척하면서 뒤통수를 친 을지문덕

살수대첩

한반도가 고구려, 신라, 백제 세 나라로 나뉘어 있던 삼국 시대에 중국도 남조와 북조 둘로 나뉘어 있었어요. 그러다 북조에 들어선 수나라 왕조가 남조의 진을 공격해 중국을 통일했지요.

"신라, 백제도 골치 아픈데, 수나라까지 우리를 공격하면 힘들어진다. 수나라에 축하 사절을 보내라."

고구려는 처음에 수나라와 평화적으로 지내고 싶었어요. 하지만 수나라는 돌궐, 거란, 말갈 등 주변 세력을 넘보기 시작하면서 고구려 쪽으로도 세력을 뻗어 왔어요. 당연히 서쪽으로 영토를 더 넓히고 싶었던 고구려와 사이가 좋을 수 없었지요.

그래도 한동안은 친하게 지냈어요. 수나라의 황제인 문제는 고구려 영양왕에게 벼슬을 내리기도 하고, 고구려 영양왕은 수나라에 사신을 보내 조공을 했지요. 조공을 한다는 것은 고구려가 수나라의 지배를 받는 작은 나라임을 인정한다는 뜻이었어요.

하지만 고구려는 수나라의 검은 속셈을 들여다보고 있었어요.

"수나라가 고구려를 탐내는 것을 모르는 줄 알고?"

두 나라는 서로 몰래 염탐하고, 군사를 훈련하는 등 신경전을 벌였어요.

그러다 영양왕이 군사를 이끌고 고구려와 친하게 지내던 말갈

족과 함께 수나라의 땅을 공격했다가 실패한 일이 있었지요.

"내 친히 고구려 왕에게 벼슬도 내렸거늘 감히 우리 땅을 넘봐? 가만히 두고 볼 수 없다."

수나라는 당장 군대를 일으켜 고구려로 쳐들어왔어요. 다행히 큰 전쟁은 벌어지지 않았어요. 날씨가 나쁘고 수나라 군대에 전염병이 돌아서 제대로 전투를 할 수 없었거든요. 하지만 수나라가 30만 명이나 되는 대군을 보낸 것에 고구려는 깜짝 놀랐지요.

"이전에 수나라의 땅을 공격한 것을 사과드립니다. 부디 용서하시어 군대를 철수시켜 주시기를 청합니다."

고구려가 항복한다고 하자, 수나라 황제 문제는 예전처럼 잘 지내기로 하고 군대를 돌리라고 명령을 내렸어요. 하지만 이때 전염병에 걸리고 굶주려서 수나라 병사 대부분이 집에 돌아가지 못했다고 해요.

하지만 이게 끝이 아니었어요. 수나라는 여전히 전쟁 준비를 했어요. 고구려는 고구려대로 지난번에는 항복하는 척했지만 수나라가 또다시 쳐들어올지 몰라 대비했어요.

"언제 무슨 일이 생길지 모르잖아."

얼마 뒤 문제의 뒤를 이어 황제가 된 양제가 다시 고구려를 공격했어요. 이번에는 113만 명이나 되는 대군이었어요. 경기도의 대도시 수원의 인구가 124만 명쯤 된다는 것을 생각하면 정말 어마어마한 군대였어요.

수나라는 군대를 여럿으로 나누어 고구려로 보냈어요. 짧은 시간 동안 여러 곳을 동시에 공격하려고요. 수적으로 불리했지만 고구려의 방어도 만만치 않았어요. 수나라군은 고구려의 요동성을 포위하고 공격했지만 요동성은 방어가 좋아 꿈쩍도 하지 않았어요.

"안 되겠다. 평양으로 가자."

수나라는 작전을 바꾸어 압록강을 건너서 고구려의 수도인 평양을 직접 공격하기로 했어요. 수나라 장군인 우중문, 우문술 등이 이끄는 30만 명의 별동대가 평양으로 향했어요.

수나라 별동대가 압록강 근처에 이르렀을 때 고구려 장수 을지문덕이 강을 건너 수나라 진영으로 찾아왔어요.

"고구려가 어찌 수나라를 이길 수 있겠습니까? 저를 받아 주시면, 고구려군을 타일러 항복하게 하겠습니다."

하지만 모두 거짓이었어요. 항복하는 척 수나라 군대를 살피러 온 것이었지요. 을지문덕은 수나라 군대가 식량도 모자라고, 먼

 길을 급히 오느라 무척 지쳐 있다는 것을 알아낸 뒤 다시 고구려 군대로 돌아갔어요.
 이때 수나라 별동대가 을지문덕의 군대를 뒤쫓았어요. 을지문덕의 군대는 수나라 별동대를 유인했지요. 전투에서 수나라 군대가 이길 만하면 도망치고, 이길 만하면 또 도망치는 것을 반복했

어요. 그렇게 쫓고 쫓기면서 평양성을 눈앞에 두고 살수(지금의 청천강)까지 건넜지요.

이때 을지문덕이 우중문에게 편지를 보냈어요.

"그동안 전투에서 많이 이기고 공도 크게 세우지 않았습니까? 고구려는 작은 나라이니 큰 나라의 아량으로 군사를 돌려서 그만 돌아가 주시면 어떻겠습니까?"

그러면서 지금 돌아가면 고구려가 항복하겠다고 했어요. 사실 수나라 군대는 많이 지쳐 있는 상태였어요. 이제 와서 평양성을 공격한다고 해도 이길 수 있을지도 확신할 수 없었지요. 수나라 별동대를 이끌던 우중문은 군대를 돌려 다시 살수를 건넜어요.

하지만 항복하겠다는 을지문덕의 말은 또 거짓이었어요. 방심한 수나라 별동대의 뒤를 고구려군이 공격한 거예요. 수나라 별동대는 무방비로 크게 패했어요. 30만 명이었던 별동대 중에 2,700명만이 돌아오자, 수나라 양제는 그길로 군대를 철수했지요.

이렇게 크게 손해를 보았지만 그 뒤로도 수나라는 두 번이나 더 고구려를 침입했어요. 하지만 모두 실패했고, 원정군을 보내는 데 나라의 힘을 다 쏟는 바람에 수나라는 얼마 안 되어 몰락하기 시작했어요.

> 신기한 계책은 천문을 헤아리고 교묘한 계산은 지리를 꿰뚫었네.
> 싸움에 이겨 공이 이미 높으니 만족하고 그만 돌아가 주면 어떻겠습니까?
> —을지문덕이 수나라 장수 우중문에게 보낸 시

말을 잘 타는 고구려인
무용총 수렵도

유물로 엿보는 전쟁 이야기

　김부식이 쓴 삼국 시대의 역사책 《삼국사기》에 보면 고구려의 시조 고주몽은 나라를 세우기 전에 동부여의 왕실에서 자랐어요. 주몽의 이야기를 보면, 그 당시 사람들에게는 활을 잘 쏘는 것이 중요한 능력이었을 거라고 추측할 수 있어요. 동부여의 왕자들이 활을 잘 쏘는 주몽을 몹시 시기했다고 하거든요.

　고구려 사람들도 활을 잘 다룰 줄 알았어요. 사진에 있는 그림은 고구려의 오래된 무덤 '무용총' 안에 그려진 벽화 〈수렵도〉예요. 이 그림에서는 말에 탄 사람이 힘차게 달리는 말 위에서 고삐를 잡지도 않고 활시위를 힘껏 잡아당기는 모습을 볼 수 있어요. 말도 잘 타면서 활도 잘 쏠 수 있어야 할 수 있는 일이겠지요.

　활은 사냥 도구이기도 하지만 전쟁을 할 때에는 무기가 되어요. 그리고 사냥을 하는 일은 단순히 동물을 잡는 일일 뿐만 아니라 평상시에 하는 군사 훈련이기도 했지요.

무용총 수렵도

앞으로 고구려는 절대 공격하지 마라
안시성 전투

"황제는 고구려에 대한 복수심만 가득해 굶주리고 죽어 가는 백성들은 보이지 않는 모양이오. 그 전쟁을 끝내지 못한다면 차라리 이 나라를 끝내 버립시다."

수나라는 오래가지 못했어요. 전쟁 때문에 힘들었던 백성들의 원망이 자자했거든요. 그래서 전국 곳곳에서 반란이 일어났어요. 결국 수나라는 이 반란 세력 중 하나에게 무릎을 꿇었어요. 이렇게 해서 중국에는 새로운 나라 당나라가 세워졌지요. 수나라가 세워진 지 38년, 을지문덕에 패하고 돌아간 지 7년 만이었어요.

당나라를 세운 고조는 고구려와 좋은 관계를 유지했어요. 고구려는 당나라에 조공을 하고, 고구려에 남아 있던 수나라 포로들을 돌려보냈지요. 당나라 또한 고구려 영류왕을 요동군공으로 삼는 등 고구려를 제후국으로 인정해 주었어요.

그런데 당나라 황제 고조가 물러나고 아들 태종이 황위에 오르자 당나라와 고구려의 관계가 달라졌어요.

"반란 세력을 모두 제압했으니, 이제 주변 나라를 정복해 당나라의 힘을 키우리라."

태종의 말처럼 당나라는 돌궐 등의 여러 북방 유목민의 영토까지 모두 차지해 어마어마한 세력을 갖게 되었어요. 그다음 차례는

당연히 고구려였어요.

"만리장성만 있느냐? 우리도 국경에 성을 쌓아 외적의 침입에 단단히 대비하겠다."

고구려는 당나라의 속셈을 알아채고 북쪽 국경에 천리장성을 쌓아 침략에 대비했지요.

고구려와 여러 번 싸운 탓에 수나라가 멸망한 것을 안 당나라 사람들은 고구려와 싸우는 것이 무척 조심스러웠어요.

"폐하, 일찍이 수나라가 고구려를 공격하려다 희생이 너무 컸습니다. 고구려가 우리를 먼저 공격할 일은 없을 것이니 그냥 두는 게 어떻겠습니까?"

반대하는 신하들이 무척 많았지만 당나라 태종은 고구려 공격을 결심했지요. 하지만 별 작전 없이 큰 군대를 일으켰다가 실패만 했던 수나라처럼 되지 않기 위해 아주 치밀한 계획을 세우고 철저하게 준비했어요. 미리 군사를 국경에 보내 고구려의 사정을 염탐하기도 하고요.

마침내 645년 당나라는 고구려 침공에 나섰어요.

"신하인 연개소문이 고구려 왕을 죽이고 허수아비 왕을 세웠으니, 연개소문 그자를 벌해야 한다."

아주 그럴듯한 이유까지 댔어요. 당나라는 육지는 물론이고, 바닷길을 통해서도 군사를 보냈어요. 당나라 수군은 요동반도에 상륙해 비사성을 함락시켰지요. 전쟁이 진행되면서 당나라 황제 태종도 요하를 건너와 직접 육지군에 합류해 요동성과 백암성을 함께 함락시켰어요.

다음 공격 목표는 안시성이었어요.

"안시성을 공격하는 것이 맞는지 모르겠습니다. 지난날 연개소문이 반란을 일으켰을 때, 안시성 성주가 돕지 않았다고 합니다. 나중에 이를 괘씸하게 여긴 연개소문이 보복하려 공격했지만 꿈쩍도 하지 않았다 합니다."

"하지만 안시성 공격을 포기하고 다른 성을 공격할 때 안시성의 군대가 당나라군의 뒤를 공격하면 그 또한 곤란한 일입니다."

결국 당나라군은 안시성을 공격하기로 결정했지요.

고구려의 장수 고연수, 고혜진은 15만 명의 군사를 이끌고 안시성을 도우러 달려갔어요. 하지만 많은 군사를 믿고 별 작전 없이 대결을 하다가 그만 당나라군에게 포위당하고 말았어요. 겨우 3만 6천 명 정도만 살아남을 정도로 크게 지고 말았지요. 고연수와 고혜진은 남은 병사들을 데리고 당나라에 투항했어요.

15만 명의 군사를 잃은 고구려는 더 이상 안시성을 도울 여력이 없었어요. 안시성 홀로 끝까지 버티거나 항복하거나 둘 중 하나였지요.

"성주는 들으라. 지금 항복하면 모두 목숨을 구할 것이다."

당나라는 겉으로는 항복하라고 하고서는 한편으로는 성을 무너뜨리기 위한 무기를 준비해 안시성을 공격했지요.

하지만 안시성은 꿈쩍도 하지 않았어요. 항복도 하지 않고, 공격도 잘 막아 냈어요. 성벽을 무너뜨리면 금세 다시 수리했고, 성이 함락되면 한 명도 살아남지 못할 거라는 협박도 통하지 않았어요.

당나라군은 두 달에 걸쳐 안시성 동남쪽에 성벽보다 높은 토산을 쌓았어요.

"안시성을 내려다보며 공격하면 저들도 막을 수 없을 거야."

하지만 갑자기 이 산이 무너지면서 안시성 귀퉁이를 무너뜨렸어요. 이대로 안시성이 항복할 줄 알았지만 안시성의 고구려군은 무너진 성벽을 통해 밖으로 나와 오히려 토산을 점령해 버렸지요.

당나라군은 토산을 되찾으려고 3일 동안이나 무섭게 공격했지만 실패했고, 계획대로 되지 않았어요. 준비했던 식량도 다 떨어지고, 88일간 안시성을 포위하고 싸우는 동안 겨울이 되어 날씨도 너무 추웠어요.

"지독한 놈들! 안 되겠다. 안시성은 포기하자."

결국 당나라군은 발길을 돌릴 수밖에 없었어요. 10곳이 넘는 고구려의 성을 빼앗았지만 안시성 하나를 빼앗지 못해 고구려 정복에 실패한 것이었지요.

당나라 태종은 고구려 공격을 후회하며 다시는 고구려를 공격하지 말라는 유언을 남겼다고 해요. 그 뒤로도 당나라는 고구려를 여러 번 공격했지만 번번이 싸움에 지고 아쉬운 발길을 돌려야 했어요.

> 649년 여름 4월에 당 태종이 죽으며 "고구려와 전쟁을 그만두라."고 유언하였다.
>
> -《삼국사기》〈고구려본기〉 중에서

한반도를 지키는 방패
천리장성

　만리장성은 흉노족 등 북방 민족의 침입을 막기 위해 중국이 쌓은 성이에요. 천리장성은 중국의 침입을 막기 위해 고구려의 연개소문이 쌓은 성이에요.

　이름만 보면 중국 만리장성의 10분의 1쯤 되는 기다란 성벽이 있을 것 같지만, 고구려가 쌓은 천리장성은 지금 남아 있지 않아요.

　부여성에서 서쪽 끝 비사성을 이었다고 하는데, 이 지역에서 성곽 유적이 잘 발견되지 않거든요. 부여성, 신성, 현도성, 개모성, 요동성, 백암성, 안시성, 비사성 등 크고 작은 여러 성들로 이루어진 북방의 방어망을 이르는 것일 수도 있어요.

　삼국 시대에 고구려는 중국 왕조의 침략을 잘 막아 내며 영토를 넓혔어요. 신라, 백제 등 한반도 남쪽의 나라들이 고구려가 있는 동안은 중국 왕조의 침략을 당하지 않았다는 점에서 고구려는 한반도를 지키는 방패 역할을 했다고 할 수 있어요.

천리장성

계백 장군과 5천 결사대
황산벌 전투

진흥왕이 한강 유역을 차지한 뒤 신라는 점점 힘이 강해졌어요. 서해안을 통해 중국으로 직접 갈 수 있는 길이 열린 뒤에는 중국의 남조, 북조 모두와 잘 지내려고 사신을 보내기도 했어요. 한편으로는 강해진 군사력으로 고구려와 백제를 공격해 영토를 조금씩 넓혔지요. 또 남쪽으로는 가야의 여러 나라를 공격해 모두 정복했어요.

한편 신라에 땅을 많이 빼앗긴 백제는 다시 힘을 키우기 위해 애썼어요. 귀족에게 나뉘어 있던 힘을 국왕 중심으로 옮겨 왕권을 회복하려고 했지요.

"배신자 신라와는 다시는 손잡지 않을 것이다. 신라의 성을 함락시켜 지난날 성왕의 원수를 갚으라!"

백제의 무왕은 신라에 빼앗긴 모든 땅을 되찾지는 못했지만, 신라의 여러 성을 공격해 빼앗는 데에는 성공했어요. 뒤를 이어 왕이 된 의자왕도 왕권을 더욱 강화시켰고, 신라를 공격해 점차 영토를 넓혀 갔어요.

백제에게 공격을 당하고 여러 성을 빼앗긴 신라는 위기를 느꼈어요. 이대로는 백제에게 고스란히 당할 것 같았거든요. 신라는 오래전에 그랬던 것처럼 고구려에 도움을 청했어요. 하지만 고구려는 신라의 요청을 무시했어요.

"우리 고구려가 그렇게 한가하진 않아."

다급해진 신라는 당나라에 사신을 보내, 백제와 고구려가 손을 잡고 신라를 공격하려고 하니 도와달라고 했어요. 백제와 고구려가 동맹을 맺었다는 말은 거짓이었지만 당나라는 귀가 솔깃해졌어요.

'고구려가 백제와 손을 잡았다? 신라를 도울 필요는 없지만, 고구려의 힘을 빼놓을 수 있다면 당장 군사를 보내야지.'

고구려를 공격하는 데 번번이 실패했던 당나라는 신라 편에 서기로 결정했어요. 그렇게라도 고구려의 힘을 약하게 만들고 싶었거든요.

먼저 당나라는 백제에 신라를 공격하지 말라는 경고를 보냈어요. 하지만 백제는 신라를 공격하는 것을 멈추지 않았어요. 당나라는 못 이기는 척 백제를 공격할 군대를 보냈어요. 소정방 장군이 이끄는 13만 명의 대군이 뱃길을 통해 기벌포(지금의 금강 하구)에 도착했고, 신라군과 힘을 합쳐 백제를 공격하기로 했어요.

"장군께서 서쪽에서 기벌포를 공격해 주시면, 신라군은 동쪽에서 공격하겠습니다. 사비성에서 만나 백제를 함께 칩시다."

한편 신라가 당나라와 함께 백제를 공격할 거라는 소식이 백제에도 전해졌어요. 의자왕은 왕권을 튼튼히 해 신라를 위협할 만큼 유능한 왕이었지만, 당나라와 신라가 한꺼번에 공격하자 몹시 당황했지요.

의자왕은 귀양을 가 있던 신하 흥수에게 의견을 물었어요.

"백강과 탄현을 지켜 넘어오지 못하게 하고, 당나라군과 신라군이 지치면 그때 공격해야 합니다."

흥수는 이렇게 의견을 보내왔어요. 하지만 흥수의 의견은 무시되었어요.

"전하, 귀양 간 흥수가 앙심을 품었으니 옳은 말을 했을 리가 없습니다. 당나라군이 백강에 들어오고, 신라군이 탄현을 넘은 다음 공격하는 것이 우리 백제에 더 유리합니다."

이렇게 백제가 우왕좌왕하는 동안 김유신 장군이 이끄는 신라군 5만 명이 탄현을 넘어 황산벌로 오고 있었지요. 황산벌을 지나면 백제의 수도 사비성이 바로 코앞이었어요.

의자왕은 계백 장군에게 5천 명의 결사대를 데려가 신라군을 막게 했어요. 신라군은 그 열 배인 5만 명인데 말이에요.

"옛날에 구천은 5천 명으로 70만 명의 군사를 대적해 이겼다.

 오늘 우리가 각자 힘써 싸워 이겨 나라의 은혜에 보답하자."

 계백 장군은 황산벌에 먼저 도착해 군사를 셋으로 나눠 진을 세우고 신라군을 기다렸어요. 김유신 장군도 군을 셋으로 나누어 대항했지요. 하지만 신라군은 죽을힘을 다해 싸우는 백제군을 이기지 못했어요. 치열한 전투가 네 번 벌어졌지만, 네 번 모두 백제군이 이겼지요. 열 배나 되는 병사로도 백제군을 이기지 못하자

신라군은 지치고 사기가 떨어졌어요.

이때 어린 화랑 반굴과 관창이 나섰어요.

"저희가 신라 화랑의 기백을 보여 주겠습니다."

반굴과 관창은 용맹하게 백제 적진에 뛰어들어 싸우다 전사했어요. 아직 열 몇 살밖에 안 되는 소년 병사들이었지요.

"어린 병사들의 목숨을 헛되이 하지 말자! 공격하라!"

이제까지 용감히 맞서 싸웠던 계백 장군의 결사대는 분해서 달려드는 신라군을 당할 수 없었어요. 황산벌이 함락되고 만 거예요. 아무래도 5만 명을 이기기에 5천 명은 너무 수가 모자랐어요.

김유신 장군이 이끄는 신라군은 기벌포에서 이긴 당나라군과 함께 사비성을 공격해 함락시켰어요. 결국 의자왕은 신라와 당나라에 항복했고, 이것으로 백제의 역사가 끝이 나고 말았어요. 김유신 장군의 할아버지 김무력이 백제 성왕과의 전투에서 이긴 지 106년 만의 일이었어요.

계백이 군사들 앞에서 맹세하며 말했다.
"지난날 구천은 5천 명으로 오나라 70만의 무리를 격파하였다. 오늘 마땅히 각자 힘써 싸워 승리함으로써 나라의 은혜에 보답하자."
드디어 격렬히 싸우니, 백제의 군사로서 일당천이 아닌 자가 없었다. 신라군은 이에 퇴각하였다.

-《삼국사기》〈열전〉중에서

나라를 다시 일으키려는 마음
미륵사지 석탑

유물로 엿보는 전쟁 이야기

　지금의 서울, 한성에서 시작된 백제는 전쟁을 겪으며 수도를 두 번이나 옮겼어요. 수도가 적군에게 함락되고, 전쟁에 나간 왕이 전사하기도 했기 때문이지요. 하지만 백제의 왕들은 수도를 웅진성, 사비성으로 옮기며 나라를 이어 갔어요.

　무왕도 나라의 힘을 다시 키우려고 애썼던 왕이었어요. 무왕은 익산 지역의 귀족 사택씨 가문과 함께 힘을 합쳐 사비성을 다시 지었고, 큰 규모의 절 미륵사를 창건해 이웃 나라에 백제의 힘을 보여 주려 했지요. 무왕이 죽고 왕위에 오른 아들 의자왕은 아버지의 뜻을 이어 왕권을 강화하는 데 힘을 쏟았고, 이때 나라의 힘도 강했어요. 그 마음을 계속 이어 갔다면 백제의 역사는 좀 더 길었겠지요.

　무왕이 세운 미륵사는 지금 없어요. 지금은 그 터에 석탑을 비롯한 몇몇 유적만 있는데, 석탑의 크기만 보아도 절이 얼마나 컸는지 짐작할 수 있어요.

미륵사지 석탑

한반도를 삼키려는 검은 속을 모를 줄 알고?
매소성, 기벌포 전투

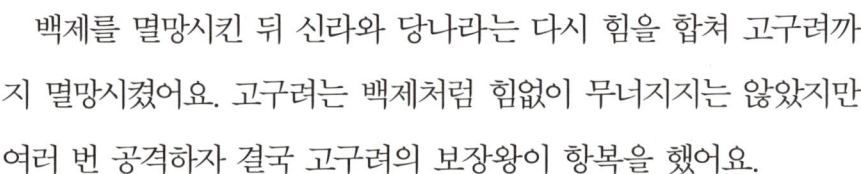

　백제를 멸망시킨 뒤 신라와 당나라는 다시 힘을 합쳐 고구려까지 멸망시켰어요. 고구려는 백제처럼 힘없이 무너지지는 않았지만 여러 번 공격하자 결국 고구려의 보장왕이 항복을 했어요.
　백제와 고구려가 멸망했으니, 신라가 한반도를 통일했을 것 같지만 아직 삼국 통일을 이룬 것은 아니었어요.
　신라를 돕겠다고 달려온 당나라의 속셈이 따로 있었거든요.
　"백제 땅에는 웅진도독부를, 고구려 땅에는 안동도호부를 설치한다. 우리 군이 싸워 얻은 이 지역을 당나라가 직접 다스리겠노라. 이곳을 다스리는 관리도 당연히 당나라가 임명한다."
　당나라는 백제와 고구려를 마치 당나라의 지방처럼 만들어 직접 다스리려고 했어요. 옛날 고조선 땅에 한나라가 한사군을 세운 것처럼요.

"흥! 누구 마음대로? 당나라 너희가 뭐라고 우리를 다스린다는 거야? 웅진도독부? 안동도호부? 웃기지 마. 신라도 싫지만 당나라 백성이 되기는 더 싫다!"

이렇게 백제 땅과 고구려 땅에 남은 옛 백성들이 당나라의 말을 고분고분 듣지 않고 저항했기 때문에 생각처럼 제대로 통치할 수는 없었지요.

사실 당나라는 백제 땅과 고구려 땅뿐만이 아니라 신라까지 차지하고 싶었어요. 한반도 전체를 갖고 싶었던 거지요.

당나라는 백제와 고구려를 이긴 데 공이 높다며 김유신 장군에게 당나라의 벼슬을 주겠다고 했어요. 김유신 장군은 오랫동안 장수로 있으면서 여러 전쟁에 공이 많기 때문에 신라 왕실에서 높은 지위에 있었는데, 그런 김유신 장군에게 당나라의 벼슬을 주고 이간질을 시키려고 한 것이지요.

"저는 이미 신라에서 가장 높은 벼슬을 받았습니다. 이미 늙고 더 이상 싸울 수도 없으니, 당나라의 벼슬을 거두어 주십시오."

당나라의 검은 속을 알았던 김유신 장군은 당나라에서 준 벼슬을 받지 않았어요. 이런 식으로 당나라는 문무왕의 동생 김인문까지 이간질에 끌여들였지요.

"안 되겠다. 우리 땅에서 당나라를 몰아내자."

신라는 군대를 보내어 당나라가 점령한 땅들을 하나씩하나씩 되찾기 시작했어요. 당나라군이 점령한 성을 함락시키고, 당나라의 운송선을 공격하기도 했지요.

그러자 당나라는 백제와 고구려를 멸망시킬 때처럼 대군을 이끌고 신라로 쳐들어왔어요. 대동강, 한강 할 것 없이 한반도 곳곳에서 당나라군과 전투가 벌어졌지요.

"아, 이제 도움을 요청할 백제도, 고구려도 없구나. 어쩔 수 없지. 우리 힘으로 당나라군을 막아야 해."

신라군은 누구의 도움도 없이 당나라군에 맞서 싸웠어요. 그래도 당나라군에 일방적으로 밀리지는 않았어요.

675년에는 당나라의 설인귀가 당나라에 공부하러 갔던 유학생 풍훈을 안내자로 삼아 신라로 쳐들어왔어요. 하지만 신라 장군 문훈이 당나라군을 격파해서 병선 40척, 말 1천 필을 빼앗고, 전투에 크게 이겼지요.

이어서 당나라의 이근행이 20만 명의 대군을 이끌고 왔지만 이번에도 신라군이 매소성(지금의 연천군)에서 격파했어요. 이후로 당나라군은 북쪽으로는 신라를 침입하지 못하게 되었어요.

676년에 뱃길을 통해 설인귀의 군대가 남쪽으로 내려오자, 사찬 시득이 나가 기벌포(지금의 금강 하구)에서 맞서 싸웠어요. 싸움에서 계속 졌지만 포기하지 않고 여러 번 맞서 싸운 뒤 마침내 신라군은 당나라군을 무찌를 수 있었지요. 그 뒤로 당나라의 수군도 서해에는 얼씬도 못 하게 되었어요.

"우리 신라를 우습게 봤다간 큰코 다칠걸."

　중국과는 비교도 하지 못할 정도로 작은 나라 신라가 당나라 군에 크게 이긴 이 두 번의 싸움 이후, 당나라는 평양에 있던 안동도호부를 요동성으로 옮겨 갔어요.
　"내친김에 신라까지 점령해 버리면 좋았을 텐데, 신라의 저항이 만만치 않다. 그리고 백제, 고구려 출신 백성들도 너무 골칫거리

야. 우리는 이미 여기에 너무 많은 힘을 쏟았다. 고구려의 옛 영토를 많이 빼앗았으니, 이제 그만 철수하자."

 당나라군이 물러간 뒤 더 이상 고구려와 백제의 옛 땅을 두고 신라와 당나라가 싸우는 일은 없었고, 이로써 신라의 삼국 통일이 완성되었어요.

신라의 힘이 모자라 고구려의 옛 영토인 평양 북쪽 대부분의 땅은 당나라에 내주어야 했지만, 그 아래 남쪽의 땅은 신라의 영토로 통일할 수 있었답니다.

고구려의 옛 땅에는 나중에 고구려의 옛 백성들이 발해를 세워 한동안 번성하기도 했어요.

676년 겨울 11월에 사찬 시득이 수군을 거느리고 설인귀와 소부리주 기벌포에서 싸웠는데 연이어 패배하였다. 다시 나아가 크고 작은 스물두 번의 싸움을 벌여 이겼다.

-《삼국사기》〈신라본기〉 중에서

왜 바다에 무덤을 만들었을까?
문무 대왕릉

유물로 엿보는 전쟁 이야기

왕릉은 왕의 무덤을 높여 부르는 말이에요. 보통 왕의 무덤이라고 하면 언덕처럼 커다란 봉분이 떠오르지요. 경주 시내에 있는 많은 신라의 왕릉들이 그런 모습이에요. 그런데 신라 문무왕의 무덤은 조금 특별해요. 갈매기들이 머물며 쉬고 있는 바다 한가운데에 있는 섬이 바로 '문무 대왕릉'(대왕암)이거든요.

왕이 되기 전 문무왕의 이름은 김법민이에요. 아버지인 무열왕 김춘추, 김유신과 함께 백제, 고구려와 싸우며 삼국을 통일하는 데 힘쓴 사람이지요. 왕이 되기 전부터 이어 온 싸움을 모두 끝내고 통일을 이루었지만, 문무왕은 계속 나라가 걱정되었어요. 그래서 자신이 죽으면 무덤을 만들지 말고, 화장해서 동해 바다에 장사를 지내라고 했어요. 그러면 용왕이 되어 동해안을 넘보는 일본으로부터 신라를 지키겠다는 것이었지요.

나라를 위한 문무왕의 마음이 담긴 이곳 문무 대왕릉은 경주시 문무대왕면 바닷가에서 볼 수 있어요.

문무 대왕릉(ⓒ한국학중앙연구원)

마지막 승자는 바로 나
공산성 전투

　신라가 삼국을 통일하고 한참이 지나자, 한반도는 또다시 어지러워졌어요. 신라 왕실과 귀족들이 나라를 잘 돌보지 못해 불만이 많았던 사람들이 저마다 들고일어난 거예요. 그중에는 지방에서 세력을 키운 호족들도 있었어요. 어떤 호족들은 자기 지역의 백성들을 괴롭히기도 했는데, 신라 왕실은 호족들의 반기를 다스릴 힘도, 백성들을 구할 힘도 없었지요.

　"백성을 편히 다스릴 군주는 바로 나뿐이다."

　어지러운 세상을 바로잡겠다며 각 지역에서 세력을 가진 사람들이 일어나 저마다 자신이 진정한 군주라고 했어요. 여러 세력이 다툰 끝에 한반도는 세 나라로 다시 나뉘었는데, 고구려의 후예임을 주장한 고려, 백제의 후예임을 주장한 후백제, 그리고 점점 힘이 약해지는 신라가 있었어요. 새롭게 떠오른 나라 후백제와 고려는 둘 중 누가 한반도를 통일할 진짜 주인이 될지 겨룰 참이었어요.

"신라가 백성들을 제대로 돌보지 않아 새 나라를 세우고 이제야 자리를 잡아 가는데, 세 나라가 또다시 전쟁을 한다면 백성들만 힘들어질 뿐이다."

고려의 왕 태조 왕건은 처음에는 신라, 후백제와 평화적으로 지내려고 했어요.

하지만 후백제는 생각이 달랐어요. 힘이 약해진 신라를 먼저 공격해 멸망시키고, 고려와 단둘이 결판을 내고 싶었는지도 모르지요. 신라와 잘 지내 보려던 고려와는 달리 후백제는 자꾸만 신라를 공격하고 침범했어요.

"후백제의 침략에 신라의 형편이 매우 어렵게 되었으니 도와주십시오."

후백제의 공격을 막을 힘이 없었던 신라는 결국 고려에 도움을 요청했어요. 고려의 왕 태조는 신라에 구원군을 보냈어요.

"고려 구원군이 온다고? 일단은 물러나자."

이 소식을 들은 후백제는 놀라서 군대를 철수했지요. 이때부터는 고려와 후백제 사이가 나빠졌어요.

이후 고려와 후백제는 국경을 마주한 곳에서 크고 작은 싸움을 여러 번 벌였지요. 서로 이기고 지기를 반복하는 일이 계속되었어요.

"후백제군이 신라를 또다시 공격해 왔습니다. 대왕께서 속히 군대를 보내어 위태로운 신라를 구해 주시기를 부탁드립니다."

그러다 927년 신라는 급히 고려에 도와달라는 요청을 했어요. 후백제가 또 쳐들어왔기 때문이지요.

태조는 군사 1만 명을 보내 신라를 도우라 명령했어요. 하지만 고려군이 신라에 도착하기도 전에 후백제는 신라의 수도 경주를 함락했어요.

후백제의 왕인 견훤은 신라의 경애왕에게 스스로 목숨을 끊도록 하고, 멋대로 경순왕을 새 왕으로 앉혔어요. 그리고 경주 사람들을 괴롭히고 도시를 파괴했지요.

이 소식을 들은 태조는 몹시 화를 냈어요.

"내가 직접 가서 견훤을 응징하리라."

태조는 왕을 잃은 신라에 위로를 전하는 한편 후백제를 혼내 주기 위해 직접 군사를 이끌고 신라로 향했어요. 그리고 공산(지금의 대구 팔공산)에서 견훤이 이끄는 후백제군을 기다렸지요.

신라와의 전쟁에서 이겨 기세등등하게 집으로 돌아가던 후백제군과 태조가 이끄는 고려군이 공산에서 마침내 맞닥뜨렸어요. 신라를 무자비하게 짓밟은 후백제군에 화를 내며 달려왔지만 고려군은 후백제군에 밀렸어요. 심지어 태조가 후백제군에 포위되어 목숨이 위태로워졌을 정도예요.

"폐하, 저와 옷을 바꿔 입으시지요. 제가 폐하의 옷을 입고 싸우겠습니다. 저들이 착각해 싸우는 동안 폐하는 몸을 피하십시오. 부디 목숨을 보전하소서."

고려를 세우기까지 오랫동안 함께해 온 개국 공신 신숭겸이 말했어요. 신숭겸이 태조의 옷을 입고 다른 장수들과 치열하게 싸운 덕분에 태조는 간신히 포위를 빠져나와 목숨을 지킬 수 있었어요. 하지만 태조는 신숭겸을 비롯해 아끼던 장수를 여덟 명이나 잃어 몹시 슬퍼했지요.

그 뒤로도 오랫동안 고려와 후백제는 싸움을 이어 갔어요. 그러다 고창(지금의 안동)에서 벌어진 싸움에서는 고려군이 후백제군을 크게 이겼어요. 이번에는 후백제의 견훤이 겨우 도망쳤지요. 이 싸움 이후로는 후백제군의 기세가 많이 꺾여, 이 지역에 사는 백성들의 마음이 고려 쪽으로 크게 쏠렸지요.

 그 뒤 후백제에서는 견훤의 아들들이 후계자 자리를 두고 싸움을 벌였어요. 견훤의 두 아들은 나이 든 아버지 견훤을 절에 가두어 버렸어요. 절에서 도망쳐 나온 견훤은 고려로 몸을 피했고, 태조는 지난 일을 잊고 기꺼이 견훤을 받아 주었답니다.
 "어서 오십시오. 이제 걱정 마시고 편히 쉬십시오."
 한편 더 이상 후백제와 고려 사이에서 버티기 힘들었던 신라는 고려에 항복하기로 했어요. 신라의 마지막 왕 경순왕은 나라를 고려에 바친다는 국서를 보냈어요. 이제 고려가 신라의 전통까지 계승하게 된 것이지요.

이후 고려는 후계자 다툼으로 어지러워진 후백제를 공격해 승리를 거두었고, 마침내 새로운 통일 왕조 고려가 탄생했답니다.

> 927년 9월, 견훤의 군사가 왕을 포위하여 매우 위급해지자 대장 신숭겸과 김락은 힘껏 싸우다가 전사하였다. 전군이 패배하였고 왕은 겨우 목숨을 건졌다.
>
> -《고려사》〈세가〉 중에서

여덟 명의 충신이 잠든 곳
팔공산

팔공산은 대구와 경상북도 영천시, 칠곡군, 군위군, 경산시에 걸쳐 있는 큰 산이에요. 이름에 있는 '팔'은 여덟을 뜻해요. 이렇게 말하면 봉우리나 커다란 바위 여덟 개가 있을 것 같지만 산에는 그런 것이 없어요.

원래 이 산의 이름은 '공산'이었어요. 신라 시대에는 나라에서 중요하게 여기는 다섯 산, 즉 오악 중의 하나였고, 이 산에서 김유신이 통일을 꿈꾸며 수행했다는 기록도 있어요.

신라가 몰락해 다시 한반도가 쪼개졌던 후삼국 시대, 후백제의 견훤이 신라를 침입했어요. 그러자 고려의 왕 왕건이 직접 군사를 이끌고 신라로 향했어요. 견훤을 혼쭐내려고 길을 나섰지만 고려군은 후백제군에 포위당하고, 왕건의 목숨마저 위태로운 상황이었지요. 이때, 신숭겸이 왕건인 척 가장하고 왕건을 피하게 했어요. 왕건은 목숨을 건졌지만, 신숭겸을 비롯한 여덟 명의 충신을 이곳에서 잃었어요. 그 뒤로 공산의 이름이 팔공산이 되었어요.

팔공산(ⓒ한국학중앙연구원)

싸우지 않고도 이긴 싸움
서희의 담판

고구려를 계승했다고는 하지만 고려는 신라가 삼국을 통일할 때 잃었던 옛 고구려 땅을 여전히 되찾지 못하고 있었어요.

"고구려의 전통을 잇는 나라를 우리가 세우자."

당나라에 빼앗겼던 그 땅에는 고구려의 옛 백성들이 힘을 모아 '발해'라는 나라를 세웠어요. 발해는 옛 고구려의 땅을 많이 되찾을 만큼 강한 나라였어요. 하지만 남쪽에서 고려가 세워지고 나서 얼마 뒤 거란족과의 전쟁에서 패해 멸망하고 말았어요.

그래서 고구려의 옛 땅, 그곳의 주인도 거란족과 여진족으로 바뀌었지요. 거란, 여진과 고려는 가까이 있는 이웃 나라였으니 그 거리만큼이나 가까이 지냈으면 좋았겠지만, 그러지 못할 때가 훨씬 많았어요.

거란은 원래 여러 부족으로 흩어져 사는 유목민이었는데, 야율 아보기라는 족장이 부족들을 하나로 통합해 거란국을 세웠어요. 그리고 얼마 뒤 거란국은 나라 이름을 요나라로 바꾸었지요. 이렇게 힘이 세져서 925년에는 발해를 멸망시킨 것이었어요.

요나라는 고려에 낙타, 말 등을 보내어 사이좋게 지내자고 요청했는데, 고려는 이를 무시했지요. 태조는 요나라가 선물로 보낸 낙타를 굶겨 죽이고 요나라 사신들은 귀양을 보내 버렸어요.

"고려의 동족인 발해를 멸망시키더니 고려와는 친하게 지내고 싶다고? 내 눈에 흙이 들어가기 전에는 어림도 없다."

고려는 중국 송나라와는 외교를 했어요. 송나라에 함께 요나라를 공격하자고 제안하기도 했지요. 고려는 압록강 중류 지역에 발해 유민들이 세운 나라인 정안국과도 왕래를 했어요. 유독 요나라와만 사이가 좋지 않았어요.

"우리 동방은 예로부터 당나라의 풍속을 사모하여 문물과 예법을 많이 따랐다. 그러나 지역과 사람의 품성이 다르기 때문에, 반드시 같게 할 필요는 없다. 거란은 금수와 같은 나라다. 풍속도 다르고 언어 또한 다르다. 의관 제도를 본받지 말라."

태조는 요나라가 고려를 위협하는 것이 얼마나 걱정이 되었던지, 요나라와는 멀리하라는 유언까지 남겼어요.

그러던 어느 날 여진족으로부터 요나라가 고려를 침입할 것 같다는 소식이 들려왔어요.

"여진족의 말은 믿을 수가 없어."

고려에서는 여진족이 거짓말을 하는 것으로 여기고 무시했어요. 그런데 얼마 뒤 정말로 요나라의 소손녕 장군이 군대를 이끌고 침입했어요.

고려 왕 성종은 박양유, 서희 등을 보내 싸우게 했지만 전세가 불리해서 봉산군을 요나라에 빼앗기고 말았어요. 성종은 직접 가서 싸우려고 길을 나섰다가 봉산군을 빼앗겼다는 말에 급히 되돌아와야 했어요.

고려 조정에서는 어떻게 하면 요나라를 물러나게 할지를 의논했어요. 그러던 중에 요나라가 원하는 대로 해 주자는 의견이 나왔어요.

"어차피 대동강 북쪽 땅은 우리도 다스리기 힘드니 그 땅을 내주는 것이 어떨까요?"

하지만 반대 의견도 있었지요.

"절대로 안 됩니다. 저들 논리대로라면 서경도, 개경도 다 내놓아야 할 판이에요."

성종은 땅을 내주자는 의견보다는 차라리 싸우자는 쪽에 찬성했어요.

그런데 이때 요나라 장군 소손녕에게서 만나서 회담을 하자는 연락이 왔어요. 고려 대표로는 땅을 내주지 말자고 주장한 서희가 회담에 나갔지요.

"우리 요나라는 고구려의 땅에 세워졌습니다. 고구려의 전통을 요나라가 계승했다는 말입니다. 그러니 지금 고려가 불법으로 점령한 고구려 땅을 돌려주십시오. 한 가지 더, 바다 건너 멀리 있는 송나라와는 외교를 하면서 가까이 있는 우리 요나라와는 외교를 하지 않는 이유가 무엇입니까? 요나라는 고려와의 외교를 원합니다."

소손녕의 말을 듣고 나서 서희는 차분히 소손녕을 설득했어요.

"고구려를 계승했다고 하니 한마디 올리겠습니다. 솔직히 나라

이름만 봐도 누가 고구려를 계승했는지 알 수 있지 않습니까? 고려야말로 고구려를 계승한 나라이니 요나라가 점령하고 있는 옛 고구려 땅을 고려에 돌려주는 것이 옳지요. 그리고 요나라와 외교를 하지 못하는 것은 여진족 때문입니다. 여진족을 물리쳐 주시고, 그 땅을 고려가 갖게 된다면 당연히 요나라와 왕래할 수 있지요."

　서희가 논리적으로 얼마나 말을 잘했는지 땅을 내놓으라고 왔던 요나라는 오히려 고려에게 청천강 북쪽, 압록강 동쪽 땅, 강동

에 대한 권리를 인정해 주기로 했어요.

대신 고려는 이제부터 요나라와 외교를 하기로 하고, 송나라 연호 대신 요나라의 연호를 쓰겠다고 약속했어요.

서희의 담판 덕분에 전쟁 없이 되찾게 된 강동 지역에 고려는 성을 쌓아 흥화, 구주, 곽주, 용주, 통주, 철주의 강동 6주 행정 구역을 설치했어요. 그러면서 오래전에 잃었던 고구려 땅을 조금이나마 되찾아 압록강 근처까지 영토를 넓힐 수 있었지요.

> 993년 윤10월, 왕이 서경으로 가서 안북부까지 나아가 머물렀는데, 거란의 소손녕이 봉산군을 공격하여 파괴하였다는 소식을 듣자 더 가지 못하고 돌아왔다. 서희를 보내 화의를 요청하니 소손녕이 침공을 중지하였다.
>
> -《고려사》〈세가〉중에서

서희가 문관이라고?
서희 기념공원

유물로 엿보는 전쟁 이야기

고려는 장수 출신인 왕건이 세운 나라였어요. 나라를 세우는 데 큰 공을 세운 공신들도 대부분 장수 출신 무관들이었지요.

고려에는 높은 관료의 자식들을 관리로 등용하는 '음서제'라는 제도가 있었어요. 그러니까 처음에는 개국 공신과 호족의 자식들이 높은 관직에 올랐어요. 그러다 나라를 안정시킨 뒤에는 왕권을 튼튼히 하기 위해 광종 때 과거 제도를 만들었어요. 과거 시험으로 능력 있는 인재를 뽑아 쓰겠다는 것이었지요.

이때부터 문관들이 무관들보다 더 중요한 위치에 있게 되었어요. 그러니까 때로는 군대를 책임지는 일을 무관이 아닌 문관이 하기도 했다는 것이지요. 광종 때 과거에 급제하고 능력을 인정받아 승승장구한 서희 역시 문관이나 병부의 일을 맡기도 했어요.

서희가 요나라의 침입 때 군대를 이끌고 전쟁터로 달려간 것은, 외교관으로서의 능력을 더 인정받았기 때문일 거예요.

서희 기념공원(ⓒ칼빈500)

다시는 고려 땅을 넘보지 말 것
귀주대첩

　서희와 담판을 한 뒤에도 요나라는 호시탐탐 고려를 넘봤어요. 고려도 요나라와 했던 약속을 썩 잘 지킨 편은 아니었지요. 고려는 여전히 요나라보다는 송나라와 친하게 지내고 싶었거든요.
　요나라는 고려에서 신하인 강조가 고려 왕 목종을 죽이고 현종을 왕위에 올린 일을 빌미로 또 쳐들어왔어요.
　"신하 된 자가 어찌 자기 왕을 죽일 수 있다는 말인가? 왕을 죽이고 멋대로 다른 왕을 세운 강조를 벌하리라."
　이건 핑계일 뿐이었어요. 요나라가 남의 집 일에 참견하듯 달려온 건 서희와 담판한 뒤 고려에 넘겨준 강동 6주를 다시 빼앗고 싶었기 때문이지요.
　요나라의 성종은 직접 40만 명의 대군을 이끌고 압록강을 건너 고려로 쳐들어왔어요. 요나라는 수도인 개경(지금의 개성)까지 쳐들어와 불을 질렀지만, 그렇다고 해서 개경까지 이르는 모든 성이 다 함락된 것은 아니었어요. 하지만 수도를 빼앗긴 고려는 요나라에 화해를 요청했어요.

"앞으로 요나라에 조공을 하되, 고려 왕이 직접 요나라에 와서 황제에게 예의를 갖추어 조공하라."

당장 수도를 잃은 고려는 요나라의 요구를 들어주는 척했지만, 고려 입장에서는 말도 안 되는 요구였어요.

어쨌든 요나라는 되돌아갔어요. 속마음으로는 강동 6주를 되찾고 싶었지만 그러지 못했고, 오히려 수많은 병사와 물자만 잃은 전쟁이었지요. 하지만 핑계 댄 것처럼 정말 강조를 벌하기는 했어요. 강조를 죽였거든요.

고려는 이후 요나라와는 외교를 끊고 다시 송나라와 외교를 하려고 했어요. 그런데 요나라는 고려 왕에게 계속 직접 조공을 가져와 바치라고 했어요.

"고려 왕이 요나라에 직접 조공을 들고 오라니, 말도 안 되는 일이다. 송나라에도 그러지 않는데 요나라에? 안 간다고 전하라."

요나라 입장에서는 고려가 약속을 깨고 자신들에게 다시 싸우자고 하는 것으로 보였지요. 요나라는 계속해서 강동 6주를 다시 내어놓으라고 고려를 압박했어요.

고려는 요나라가 고려를 신하 취급하는 것도 무시하고, 외교를 하자고 하는 것도 무시했지만, 요나라가 군사를 일으켜 고려를 침입하는 것은 무시할 수 없었어요. 혹시 쳐들어올지 몰라 늘 대비해야 했지요.

한편 요나라는 강동 6주를 공격하기 위해 강동 지역에 성을 쌓아 기지로 삼았어요. 그리고 곧 강동 6주에 있는 고려의 성들을 공격했지만 다행히도 고려군은 요나라의 공격을 잘 막아 냈어요.

하지만 1018년에는 총지휘관 소배압 장군이 대군을 이끌고 침입해 왔어요.

"요나라 소배압 장군이 10만 명의 대군을 이끌고 온다고 하니, 강감찬 장군이 나가 이들을 막아 주시오."

고려의 장군 강감찬이 특명을 받았어요. 강감찬 장군이 이끄는 고려군도 만만치는 않았어요. 요나라군을 막기 위해 고려는 20만 명의 군사를 모았어요.

안주에서 기다리던 고려의 20만 대군은 요나라군이 가까이 오자 흥화진으로 이동했어요. 성 동쪽에 냇물이 있었는데, 고려군은

 쇠가죽을 이어 둑을 만들고 흐르는 냇물을 막았어요. 그리고 정예군 기병대 1만 2천 명을 숨겨 두었지요.
 마침내 고려군을 뒤쫓아 온 요나라군이 냇물을 건널 때였어요.
 "바로 지금이다. 둑을 터라!"
 고려군은 가죽으로 만든 둑을 터뜨렸어요. 얕은 냇물인 줄 알았는데, 큰 물이 내려오자 요나라 병사들은 우왕좌왕 정신을 못

차렸어요. 이때 숨어 있던 고려군이 뛰쳐나와 요나라군을 공격했어요. 전투는 고려군의 완벽한 승리였어요.

   혼쭐이 난 소배압 장군은 군대를 이끌고 개경으로 향했어요. 아예 수도를 공격하기로 마음먹은 것이지요. 하지만 이것도 뜻대로 되지는 않았어요. 개경으로 향하는 요나라 군대를 강민첨 장

군이 이끄는 군대가 뒤쫓아 왔거든요. 개경 근처 신은현에서 요나라군은 고려군에 또다시 패했어요.

"코앞이 개경인데, 여기서 패하다니! 아깝지만 오늘은 그만 돌아가야겠다. 두고 보자."

소배압 장군은 공격을 단념하고 군사를 돌렸어요.

하지만 고려군은 요나라군이 그대로 무사히 돌아가도록 두지 않았어요. 후퇴하는 요나라군을 계속 쫓아 공격했지요.

특히 요나라군이 후퇴하기를 귀주에서 기다리던 강감찬 장군은 끝까지 요나라를 쫓아가며 몰아부쳤지요.

결국 10만 명이 넘는 대군이 왔지만 살아 돌아간 요나라 병사는 몇천 명밖에 되지 않았다고 해요.

그 뒤로 요나라는 무리한 외교를 요구하지도, 강동 6주를 돌려달라고도 하지 않았으며, 다시는 고려를 침입하지 않았어요.

> 1018년 12월 거란의 소손녕이 군대 10만을 이끌고 침입하자, 왕이 평장사 강감찬을 상원수로 임명하고 대장군 강민첨이 보좌하게 하였다. 상원수의 군대가 흥화진에 이르러 거란군을 크게 무찌르자, 소손녕이 군대를 이끌고 곧장 개경으로 진격하였다. 강민첨이 추격하여 자주에서 만나 또 크게 무찔렀다.
>
> -《고려사》〈세가〉 중에서

하늘의 별을 품은 곳
낙성대

요나라군과 싸워 크게 이긴 '귀주대첩'으로 유명한 강감찬은 사실 군인이 아니라 과거 시험에 장원 급제한 문관 출신이에요.

백성들을 현명하게 다스리기도 해서 많은 백성들이 강감찬을 존경하고 따랐어요. 그래서 강감찬이 태어난 곳에 석탑을 세워 강감찬의 공적을 기렸다고 해요.

3층으로 된 석탑에는 '강감찬 낙성대'라는 글귀가 새겨져 있어요. '낙성대'는 '별이 떨어진 곳'이라는 뜻인데, 강감찬이 태어나던 날 집 위로 별이 떨어졌기 때문에 큰 인물이 될 거라고 기대했다고 해요. 보통 이런 석탑은 불교에서 부처님을 기리기 위해 만드는데, 한 인물을 기리기 위해 만들었다는 점이 무척 특이해요.

낙성대는 서울특별시 관악구에 있어요. 낙성대 공원은 만들어진 지 얼마 안 되었지만, 석탑은 고려 시대에 세워졌어요.

낙성대 삼층 석탑

이제부터는 여기가 조선의 국경이다
4군 6진 개척

거란족이 세운 요나라는 또 다른 북방 민족인 여진족에게 멸망했어요. 거란족이 요나라를 세웠던 것처럼 여진족은 나라를 세워 '금'이라고 이름을 정했어요.

요나라를 멸망시키며 세력을 떨치던 금나라는 빠른 속도로 세력을 키운 원나라에게 멸망했지요. 원나라는 몽고족이 세운 나라였어요.

금나라처럼 멸망하지는 않았지만 고려도 원나라의 침입을 받았어요. 그리고 아주 오랫동안 원나라 지배를 받아야 했어요.

원나라는 아시아는 물론이고 유럽에까지 세력을 떨쳤어요. 그렇지만 차차 기울어 중국에 새롭게 생긴 명나라에게 멸망해, 서북쪽 변방으로 물러났지요.

중국이 원나라에서 명나라로 바뀔 때, 한반도에서는 고려가 조선으로 바뀌었어요.

마찬가지로, 금나라가 멸망했지만 여진족이 완전히 사라진 것은 아니었어요. 그저 다시 전처럼 부족들이 뿔뿔이 흩어졌을 뿐이지요.

고려를 이어 한반도에 세워진 나라 조선은 처음에는 국경 가까이에 있는 여진족과 그렇게 사이가 나쁜 편은 아니었어요. 나라를 세운 태조 이성계가 이 지역에서 나고 자라 여진족과 가까이 지냈거든요.

"국경을 침범하지만 않으면 조선과 여진족이 싸울 필요가 없다. 평화롭게 지내겠다 약속하면 여진족에게 필요한 물건을 바꾸어 주겠다. 또한 여진족 중에서 조선인이 되려는 사람이 있다면 살 집과 농사지을 땅을 줄 것이다."

여진족 중에서도 어떤 부족은 국경을 침범하고, 어떤 부족은 식량과 옷감, 농기구 등을 사고팔 수 있게 해 달라고 요청했어요. 조선은 여진족에게 무역을 할 수 있는 기회를 주었지요. 여진족과 잘 지낼 수만 있다면 멀리 북쪽 땅 끝까지 군사를 보내 힘들게 국경을 지킬 필요가 없으니까요.

하지만 여진족은 국경을 자주 침범해 왔어요. 어쩌면 유목민인 여진족은 남의 땅을 침범했다고 생각하지 않았을지도 몰라요. 원래 유목민은 계절에 따라, 날씨에 따라 이동하며 생활하니까요.

하지만 오랫동안 한반도에서 자리 잡고 살아온 조선은 여진족이 자꾸만 넘어오는 것이 신경 쓰였어요. 백성들의 고통도 이루 말할 수 없었고 자칫하면 영토를 빼앗길 수도 있으니까요.

"이 땅은 일찍이 조상들이 터를 잡고 힘을 키워 온 터전이 아닌가? 하늘이 정해 준 경계, 즉 두만강, 백두산, 압록강 아래로는 단 한 뼘도, 누구에게도 빼앗기지 않을 것이다."

어떤 신하들은 흉년이 들고 나라의 형편이 어려워 북쪽 국경을 지키는 데 힘을 쏟기는 어렵다고도 했지만, 김종서는 국경을 단단히 지켜야 한다고 강하게 주장했어요.

"물론 여진족은 우리 군사에게 이길 수는 없습니다. 그렇다고 지금처럼 자꾸 침입하게 둘 수는 없습니다. 게다가 흩어진 부족들이 모이기만 하면 수만 명의 군사가 될 겁니다. 옛날 요나라도 여진족을 우습게 여기다 패망하지 않았습니까? 약하다고 만만히 볼 것이 아니라 아예 침범하지 못하도록 막아야 합니다."

당시 조선의 임금이었던 세종 대왕은 김종서의 이 말을 귀담아 들었어요. 그래서 여진족이 있는 만주와 조선 사이를 흐르는 압록강 지역에는 자성군이라는 성을 쌓아 지키도록 했어요. 하지만 여전히 여진족은 침입해 왔어요. 성 하나로 지켜야 하는 지역이 너무 넓었기 때문이에요.

세종 대왕은 평안도 도절제사 최윤덕을 보내 이곳의 여진족을 모두 정벌하게 했어요. 그리고 압록강 남쪽에 있는 여연, 자성, 무창, 우예 지역에 4군을 설치해 북방을 지키도록 했어요.

여진족이 자꾸 넘어오는 것은 두만강 쪽도 마찬가지였어요. 세종 대왕은 김종서를 함길도 도절제사에 임명했어요. 그렇게 두만강 국경으로 간 김종서는 두만강을 넘어 조선 땅을 침범한 여진족을 물리쳤어요.

"이곳 두만강 국경은 국경선이 너무나 길어 지금 있는 시설로는 오랑캐들의 침입을 막기 힘듭니다. 이곳 국경의 요지마다 진을 새롭게 세우고, 군사를 두어 국경을 지키고자 합니다. 저의 의견을 살피시어 허락해 주십시오."

김종서는 세종 대왕에게 자신의 생각을 전달했어요. 그리고 허락이 떨어지자 이곳에 머물면서 국경을 넘어오는 여진족을 물리치는 한편, 두만강을 경계로 종성, 온성, 회령, 경원, 경흥, 부령 등 여섯 곳에 6진을 개척했어요. 이 일을 모두 해내는 데 무려 7~8년이 걸렸어요.

지도를 펴고 압록강, 두만강, 백두산이 어디에 있는지 확인해 보세요. 그때도 수도는 서울이었으니, 북쪽 국경은 군사를 보내 튼튼히 지키기 힘든 지역이었다는 것을 알 수 있을 거예요. 게다가 지켜야 할 국경이 엄청나게 길어요.

멀고 지키기 힘든 곳이지만 국경을 지키려는 세종 대왕의 의지는 강했어요. 그래서 아끼는 신하들을 멀리까지 보내 4군 6진을 세우도록 한 것이지요. 두만강에서 백두산, 백두산에서 압록강에 이르는 조선의 북쪽 국경이 이때 마련되었고, 지금도 북한의 북쪽 국경이 되고 있어요.

> 조종께서 왕업을 일으킨 땅을 한 뼘도 헛되이 버리지 않을 것이다. 두만강은 하늘이 여진족과 우리 사이에 경계를 만들어 준 것이다.
> -《조선왕조실록》〈세종실록〉 중에서

백두산일까, 장백산일까
백두산 정계비

유물로 엿보는 전쟁 이야기

    세종 대왕 때 4군 6진을 세워 백두산과 압록강, 두만강이 조선의 북쪽 국경이 되었지요. 백두산을 경계로 중국과 우리나라 땅이 나뉜다고 하면, 백두산은 둘 중 어느 나라의 산일까요?

    조선인들은 백두산에서 사냥이나 인삼 채취를 했고, 청나라는 태조 누르하치가 백두산에서 왕이 될 계시를 받았다고 해서 '장백산'이라 부르며 신성하게 여겼어요. 숙종 때에는 청나라와 외교 문제까지 생겼지요.

    이때 청나라와 조선은 국경을 확실히 정하기로 했어요. 조선은 백두산 정상에서 남북으로 경계를 짓고 싶었지만, 이 자리에 조선 쪽 대표가 참석하지 않으면서 정상에서 동남쪽으로 약간 치우친 곳에 비석을 세웠어요. 중국과 조선 사이에 처음으로 국경을 정한 것이었지요.

    1931년 일본이 만주사변을 일으킨 후 이 비석은 사라지고, 지금은 사진과 탁본 자료만 남아 있어요.

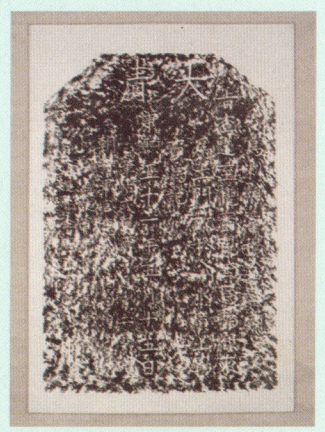

백두산 정계비 탁본
(ⓒ국립중앙박물관)

한양을 되찾기 위해 꼭 지켜야 할 곳
행주대첩

이웃 나라 여진과 일본은 조선에 늘 무역을 하게 해 달라고 부탁했어요.

"저희는 곡식이 필요합니다."

"저희는 옷감이 필요합니다."

유목민인 여진족과 섬나라인 일본은 부족한 것을 무역을 통해 구하고 싶어 했어요. 특히 이들이 필요했던 것은 쌀이나 옷감 같은 생활에 꼭 필요한 것들이었어요.

만약에 여진이나 일본이 무역이 아닌 다른 방법으로 물건들을 구하려 한다면 어떤 방법을 쓸까요? 군대를 이끌고 쳐들어와서 약탈하려고 할 수도 있겠죠? 충분히 벌어질 수도 있는 일이고 실제로 잦은 침략이 있었지요.

그래서 율곡 이이는 이들이 나중에 침입할 것을 대비해 10만 명의 군사를 준비해서 훈련시켜야 한다고 주장했어요. 그런데 이 당시 조선은 군사 10만 명을 키울 힘이 없었어요. 율곡 이이의 주장은 흐지부지 없던 일처럼 되었지요.

그런데 1592년에 정말 일본이 쳐들어왔어요. 무려 20만 명이나 되는 대군을 이끌고 온 구실은, 명나라와 전쟁을 해야 하니 조선이 길을 빌려 달라는 것이었지요. 그건 모두 핑계였고 속셈은 조

선 땅을 빼앗으려는 것이었지요.

섬나라에서 왔으니 모두 수군일 거라고 생각할 수도 있지만, 20만 명 중 15만 명은 육군이었어요. 배에 타고 온 일본군은 우리 해안 곳곳으로 상륙했어요. 그리고 여러 갈래로 흩어져 무서운 속도로 북쪽으로 공격하며 올라왔어요.

"으하하! 한양까지 한 걸음에 가자! 북쪽으로 진격하라!"

일본군이 지나간 곳은 처참했어요. 집이 불타고, 곡식을 약탈당하고, 백성들이 목숨을 잃기도 했지요.

일본군에 맞서 치열하게 싸운 곳도 있지만 거의 대부분이 무방비 상태였기 때문에 처음에는 속수무책으로 당했어요.

한양에 있던 조선의 왕 선조와 대신들은 의견이 분분했어요.

"한양 도성을 떠나야 합니다."

"그 정도는 아니니 여기서 도성을 지켜야 합니다."

그러다 충주가 함락되었다는 소식에 선조는 급히 한양을 떠나 개성으로 갔어요. 개성에 도착했을 무렵에는 한양이 일본군에 함락되었다는 소식을 들었어요. 선조는 다시 몸을 피해 평양으로 갔지만 여기도 머물지 못하고 의주까지 피했어요.

의주는 압록강 근처에 있는 국경 도시예요. 그러니까 왕이 북쪽 끝까지 피해야 할 정도로 급박한 상황이었던 거예요. 선조는 피란을 가면서도 명나라에 사신을 보내 도움을 요청했어요.

명나라는 처음에는 대수롭지 않게 생각해서 국경 수비대만 보냈다가 오히려 일본군에 크게 패하고 말았어요.

"우리가 일본을 우습게 봤구나."

명나라는 이여송이 이끄는 4만 3천 명의 구원군을 보냈어요.

그러는 동안 조금씩 승리의 소식이 들려왔어요. 바다에서 이순신 장군이 놀라운 전략으로 일본 수군과 싸워 이기고 있었거든요. 전국 각지에서도 의병과 승병이 일어나 일본군에 맞서 싸웠어요.

드디어 이여송의 명나라군이 압록강을 건너오자 평양을 되찾기 위해 기다리고 있던 관군과 의병, 승병이 힘을 합쳐 평양성에 있던 일본군을 무찔렀어요. 명나라군은 평양에 이어 개성까지 밀고 내려왔어요.

"감히 명나라를 정벌하겠다고 했다면서? 어림없지. 도망치는 일본군을 끝까지 쫓아라!"

명나라군은 일본군을 쫓아 한양 근처까지 내려왔어요. 하지만 일본군은 그곳에 숨어 있다가 거꾸로 명나라군을 습격했어요. 이 공격으로 명나라군의 피해가 매우 컸어요. 이여송은 깜짝 놀라

군대를 이끌고 개성으로 후퇴해 버렸지요.

한편 전라감사였던 권율은 군대를 이끌고 한양으로 향했어요. 명나라군과 함께 한양을 되찾기 위해서였지요. 하지만 명나라군이 후퇴해 버린 탓에 권율은 아주 적은 수의 군대로 행주산성을 지켜야 했어요. 승려 처영이 이끄는 승병 1천 명이 합세했지만 다 합쳐도 1만 명이 안 되었어요.

"적의 수가 우리의 세 배나 됩니다."

조선군은 불안에 떨었어요. 행주산성을 공격하려고 모인 일본군은 총 7개 부대였고 다 합치면 3만 명이나 되었지요. 처음 공격한 것은 고니시가 이끄는 군대였어요. 하지만 고니시의 군대는 성 안에서 조선군이 화차로 포를 발사하고, 수차석포로 돌을 쏘고, 활을 쏘는 등 맹렬한 공격을 퍼붓자 성에 다가서지도 못하고 물러갔어요. 이어서 공격한 부대들도 행주산성의 조선군은 꿋꿋이 막아 냈어요. 하지만 일곱 번째 부대의 공격에 성 한쪽이 뚫려 성 안으로 일본군이 들어왔어요.

"당황하지 마라! 총공격하라!"

권율은 앞장서 공격을 지휘했어요. 군사와 무기가 턱없이 부족했지만 군인, 백성 할 것 없이 돌을 나르고 던지면서 일본군에 끈

질기게 대항했지요.

그렇게 힘겹게 싸우고 있을 때, 마침 경기수사 이빈이 무기를 싣고 한강을 거슬러 왔어요. 이를 알아차린 일본군은 뒤를 공격당할까 봐 후퇴하기 시작했어요. 그러자 행주산성을 지키던 조선군은 도망치는 일본군을 쫓아 공격을 퍼부었지요.

이날 행주산성에서 이룬 승리는 9년 동안 벌어진 임진왜란 중 가장 크게 이긴 세 싸움 중 하나이고, 한양을 되찾는 발판이 되었어요.

> 경성의 왜적을 속히 도모함이 마땅할 듯합니다. 전라감사 권율이 지난 11일에 경성에서 30리 지점인 고양군 경계에서 적과 접전하여 적병을 대파, 140여 명을 참수했으며, 군기 등 잡물을 많이 노획하고 사살한 자가 무수하였다 합니다.
>
> -《조선왕조실록》〈선조실록〉 중에서

수적 열세에서 행주산성을 지키다
비격진천뢰

유물로 엿보는 전쟁 이야기

1592년, 지금으로부터 약 400년 전 임진왜란 때에는 어떤 무기를 들고 나와 싸웠을까요? 맨 앞에 선 병사들은 칼과 창을 들었을 테고, 뒤쪽에는 멀리까지 공격할 수 있는 활을 든 병사들을 배치했을 거예요. 그리고 한 번의 발사로 적군 여럿을 공격할 수 있는 포도 있었어요. 만화나 영화에서 본 적이 있을지도 모르겠어요. 커다랗고 둥근 쇳덩이를 적을 향해 쏘면 성벽이 무너지기도 하고, 쿵 하고 떨어져 병사들이 뿔뿔이 흩어지기도 하지요.

그런데 비격진천뢰는 보통의 포환과는 달랐어요. 보통의 포환이 날아와 성벽을 부쉈다면, 비격진천뢰는 포환이 떨어진 뒤 폭발해 주변의 사람을 다치게 했어요. 가운데에 있는 구멍 속에 날카로운 쇳조각들과 함께

비격진천뢰(ⓒe뮤지엄)

화약을 넣어, 적진에 쿵 떨어진 다음 잠시 뒤에 폭발하도록 만든 거예요. 지금으로 치면 수류탄과 비슷할 수도 있지요. 이 무기는 행주산성에서 적은 병사로도 싸움을 이기게 해 주었지만, 사람을 다치게 하는 무서운 무기랍니다.

신에게는 아직 배 열두 척이 있습니다
명량대첩

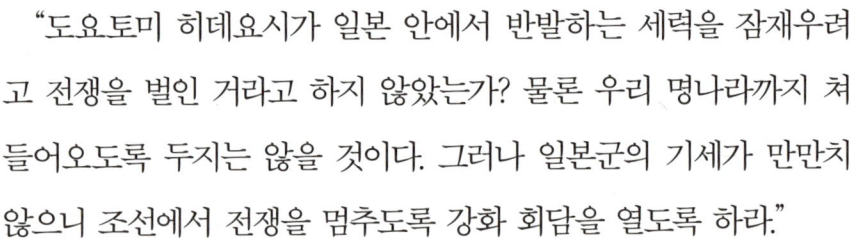

"도요토미 히데요시가 일본 안에서 반발하는 세력을 잠재우려고 전쟁을 벌인 거라고 하지 않았는가? 물론 우리 명나라까지 쳐들어오도록 두지는 않을 것이다. 그러나 일본군의 기세가 만만치 않으니 조선에서 전쟁을 멈추도록 강화 회담을 열도록 하라."

명나라는 조선의 요청으로 구원군을 보내 일본과 싸우면서도 한편으로는 조선에서의 전쟁을 끝내려는 강화 회담을 일본과 이어 갔어요. 강화는 싸우던 두 편이 싸움을 그치고 평화로운 상태가 되는 걸 말하지요.

밀고 당기며 조건을 주고받던 명나라와 일본 사이에 드디어 강화가 맺어졌어요. 하지만 곧 이 약속은 없던 일이 되고 말았어요.

회담에서 일본은 명나라의 황녀를 일본의 후비로 삼고, 조선의

4도를 일본에 넘겨 달라 요청했어요. 그런데 명나라 대표로 나온 심유경이 이것을 황제에게 그대로 보고하지 않고 거짓으로 보고했어요. 이런 손해 보는 약속을 했다는 것을 차마 황제에게 그대로 보고할 수 없었겠지요.

"황제께서 일본 도요토미 히데요시를 왕으로 인정해 책봉해 주시고, 일본이 명나라에 조공을 할 수 있도록 허락해 주시면 전쟁을 그만두겠다 하옵니다."

"그 정도 조건이라면 충분히 들어줄 수 있다."

명나라 황제는 심유경의 거짓 보고를 그대로 믿고, 전쟁을 끝내기 위해 도요토미 히데요시를 왕으로 책봉하는 책서(임금이 벼슬아치를 임명하던 사령장)를 일본에 보냈지요.

자신을 왕으로 책봉한다는 책서를 들고 온 사신이 도착했다는 말에 도요토미 히데요시는 매우 화를 냈어요.

"내가 제시한 조건은 무시하고 이 따위 책서나 보내다니!"

도요토미 히데요시는 책서를 받지도 않고 사신을 돌려보냈어요. 명나라가 일본의 요구를 무시했다고 여긴 것이었어요.

이 때문에 전쟁이 다시 시작되었어요. 도요토미 히데요시는 다시 조선을 침략했어요. 임진년(1592년)에 일본이 처음 조선을 침략해 오고, 정유년(1597년)에 다시 침략해 왔다는 뜻으로 이 전쟁을 '정유재란'이라고 해요.

이때 남쪽 바다를 지키던 이순신은 잠시 전쟁이 멈춘 사이 무기를 정비하고, 다시 일어날지도 모를 전쟁에 대비해 군사들을 훈련시켰어요. 그런데 정말 일본군이 다시 쳐들어온 거예요.

"지난 전쟁으로 일본과 싸워 보니 만만하지 않은 상대라고 생각해 군사를 정비한 것인데, 이렇게 빨리 다시 침략해 올 줄이야. 훈련한 대로 방어를 더욱 든든히 하라. 이번에야말로 철저히 쳐부숴 다시는 조선을 넘보지 못하게 하리라!"

그런데 조선의 적은 밖에만 있지 않았어요.

"가토가 이끄는 일본 함대가 바다를 건너오고 있으니 가서 막아라."

조정에서 이순신에게 출전 명령을 내렸어요. 하지만 이순신은 잘못된 정보라 생각해 바로 출전하지 않았어요. 물론 나중에 일부 함대를 움직이긴 했지만 이미 임금인 선조의 눈 밖에 난 뒤였지요. 이순신으로서는 억울한 일이었을 거예요. 사실 가토의 함대는 그전에 이미 조선에 들어와 있었거든요.

그런데 경상우수사 원균이 이를 두고, 이순신이 명령을 따르지 않았다고 상소를 올리는 바람에 이순신은 자리에서 쫓겨나고 말았어요. 일본군을 바다에서 막아야 하는 위급한 상황이었는데 말이에요. 한양으로 끌려가 재판을 받은 이순신은 계급도 빼앗기고 일반 병사가 되어 권율의 밑으로 배치되었어요.

　이순신이 없는 사이 원균이 지휘한 조선 수군은 일본 수군에 참패했어요. 이 소식에 선조는 어쩔 줄을 몰랐지요. 조선 수군에 꼭 필요한 이순신을 죄인으로 몰았으니까요. 결국 선조는 이순신

에게 다시 수군을 지휘하도록 맡겼어요.

"장군의 죄를 물어 백의종군시켰으나, 다 모함을 믿어 그렇게 된 것이오. 장군이 자리를 비워 우리 군이 참패하고, 나라가 위태로우니 바다로 돌아가 적을 물리쳐 주시오."

다시 수군을 지휘하라는 명령을 받고 이순신이 바다로 돌아가 보니 남은 군사는 120명, 남은 병선은 고작 열두 척밖에 없었어

요. 적군의 배는 수백 척인데 말이에요.

하지만 이순신은 지형과 파도를 이용해 일본군을 공격하기로 했어요. 수는 일본군보다 적어도 우리 바다의 지형과 파도의 흐름은 우리 수군이 더 잘 아니까요.

일본군의 배 133척이 명량 해협에 들어오기를 기다렸다가 조선 수군의 배가 나타나 일본 배들이 움직이지 못하도록 막았어요.

"흥, 고작 그만한 배로 우리를 막을 수 있다고? 배를 돌려 조선군의 배를 포위하라!"

일본군의 배는 조선군의 배를 포위하려고 했어요. 그 순간 파도의 흐름이 바뀌었어요. 상황은 일본군에게 불리해졌어요.

"지금이다! 총공격하라!"

배가 적어서 쉽게 이동할 수 있었던 조선군은 이를 이용해서 일본군에게 맹공격을 퍼부었어요. 일본 수군은 31척의 배를 잃고 부랴부랴 도망가느라 바빴어요.

이날 있었던 전투로 전쟁의 기세는 다시 조선 쪽으로 돌아섰고, 이날의 승리로 조선 수군은 다시 재정비할 시간을 얻었답니다.

> 한산도의 패전보가 이르자 조야가 크게 놀랐다. 비변사의 여러 신하들을 불러 물으니, 아무도 대답할 바를 몰랐는데, 경림군 김명원, 병조 판서 이항복이 "현재의 계책으로는 이순신을 다시 통제사로 삼아야만 된다." 하니, 임금이 따랐다.
>
> -《조선왕조실록》〈선조수정실록〉중에서

연기 속에서 홀연히 나타나다
거북선

유물로 엿보는 전쟁 이야기

　대대적으로 쳐들어온 일본의 군대를 조선은 막아 내지 못했어요. 군사 수도 일본에 비해 한참 모자랐고, 무기도 마찬가지였지요.

　그러는 중에도 이순신이 있던 전라 좌수영은 혹시 모를 침입에 대비해 배와 무기를 정비했어요. 그래서 전라 좌수영은 수가 훨씬 많은 일본 함대를 막아 낼 수 있었지요. 이때 활약했던 배가 판옥선과 거북선이에요. 판옥선은 조선 수군의 주력 전함이고, 거북선은 판옥선을 창과 못이 잔뜩 박힌 뚜껑으로 덮고, 연기 장치를 한 거북 머리를 달아 만든 배예요. 거북의 입에서는 연기를 뿜고, 배 옆구리에서는 포를 쏘았어요.

　그 수가 많지는 않았지만, 일본군은 연기를 뿜으며 나타난 거북선을 공격하지 못했어요. 일본군은 적군의 배로 뛰어올라 배를 점령하는 식으로 싸웠는데, 거북선에는 그럴 수 없었지요.

　《조선왕조실록》을 보면 거북선이 왜선을 무찌르는 것을 태종이 직접 보았다고 기록되어 있어요. 그러니까 거북선은 조선 초기부터 있었던 배예요.

거북선

영원한 오랑캐는 없다
병자호란

　임진왜란으로 명나라와 조선의 국력이 약해진 틈을 타 여진족이 흩어져 있던 부족들을 연합해 다시 나라를 세웠어요. 새로 세운 나라 이름은 후금이에요. 고려 시대에 있었던 금나라를 이어받았다는 뜻이지요.

　"지금 여진족이 세운 후금이 우리 명나라 농토를 탐내어 침범해 왔다. 지난 임진년에 조선을 도와 함께 싸운 것을 잊지 말고, 이제 조선 왕은 군사를 보내어 함께 후금을 공격하길 바란다."

　후금이 명나라 영토를 침범해 오자, 임진왜란 때 조선을 도왔던 명나라는 조선에 군대를 보내라고 요구했어요.

　조선의 왕 광해군은 군대를 보내기로 했어요. 하지만 조선이 돕는다 해도 명나라가 이길지 확신할 수는 없었어요. 그래서 광해군은 전쟁터로 떠나는 강홍립 장군에게 비밀리에 지시했어요.

"전쟁에 나가 형세를 보고 물러날지 나아갈지를 판단하라."

강홍립 장군이 이끈 조선군이 전쟁터에 가 보니 명나라군이 지고 있었어요. 조선군이 돕는다고 해도 승패를 뒤집을 수 없는 상황이었어요.

"우리 조선은 후금과 적이 되려는 것이 아니라, 지난날 명나라와의 의리 때문에 어쩔 수 없이 전쟁에 참여한 것입니다. 그러니 이번 싸움은 그만두도록 합시다."

강홍립 장군은 후금과 휴전하고 물러났어요. 조선은 오랫동안 전쟁을 해서 힘이 약해진 상태였기 때문에 이웃 나라에 적을 두지 않으려는 생각이었지요.

그런데 얼마 후, 광해군을 왕위에서 몰아내고 새 임금 인조가 즉위했어요. 인조는 명나라와 관계는 잘 유지하고, 후금과는 친하게 지내고 싶지 않았어요. 이제 후금은 명나라와도, 조선과도 사이좋게 지낼 수 없는 처지가 되었어요. 그래서 1627년에 3만 명의 병력으로 조선을 침략했어요.

"조선이 후금을 멀리하는 것도 못마땅하고, 후금에 빼앗긴 요동 땅을 되찾는다며 조선에 주둔하고 있는 명나라 모문룡의 부대도

꼴보기 싫다. 이참에 다 쓸어 버리자."

압록강을 건너 의주를 점령한 후금군은 계속 남쪽으로 밀고 내려왔어요. 조선군은 막아 보려고 했지만 역부족이었고, 명나라 모문룡도 도망쳐야 했지요.

"후금군이 평양을 지나 황주까지 왔다고 하옵니다!"

이런 속도라면 한양까지 금세 도착할 것 같았지요. 인조는 강화도로 몸을 피했어요. 세자도 멀리 전주까지 피했지요. 후금군을 막고 싶었지만, 조선은 전쟁을 할 힘이 없었어요.

한편 조선 땅 깊숙이 들어온 후금은 뒤에서 명나라가 공격할 것이 걱정되어 그쯤에서 물러가기로 했어요.

"이제 후금과 조선은 형제의 나라입니다. 그러나 그동안 지내온 정이 있으니 명나라를 적으로 두지는 않게 해 주십시오."

두 나라는 화해를 하면서도 화해 조건이 탐탁지 않았어요.

형제의 나라라고 했지만, 후금은 멋대로 식량이나 물자를 요구했고, 압록강을 건너 조선을 침범하고 약탈했어요. 인조는 속이 부글부글 끓었어요. 오랑캐 후금과 다시 전쟁을 해서라도 관계를 끊고 싶었지요.

그런데 인조의 왕비가 죽어 문상을 한다며 찾아온 후금의 사

신들이 조선에 신하가 되기를 강요했어요.

"형제인 것도 싫은데 신하라니!"

인조는 사신들을 만나 주지 않고 오히려 감시하게 했어요.

"이거, 분위기가 이상한걸."

후금의 사신들은 분위기가 심상치 않자 몰래 도망을 쳤어요. 도망치는 길에 조선 조정에서 평안도 관찰사에게 보내는 편지를 빼앗게 되었어요. 편지에는 의병을 모집해 후금의 공격에 대비하라는 내용이 있었어요. 사신들이 가져온 편지를 본 후금의 황제는 조선이 후금을 어떻게 생각하는지 알고 괘씸하게 여겼지요.

그 후 후금은 나라 이름을 '청'으로 바꾸고, 연호도 새로 '숭덕'으로 바꾸었어요. 이를 축하하는 자리에 조선의 사신도 있었는데, 청나라 태종은 그 자리에서 조선의 사신에게 말했어요.

"왕자를 볼모(인질)로 보내 지난날의 죄를 사죄하도록 하라. 아니면 조선을 공격하겠다."

조선이 이를 받아들일 리 없었지요. 결국 청나라 태종은 몸소 12만 명의 군대를 이끌고 조선을 침략했어요. 그중 마부태가 이끄는 선봉 부대는 곧장 한양으로 향했어요. 그 속도가 얼마나 빨랐는지, 청나라군이 침입했다는 소식을 들은 다음 날 평양에 도착했다는 소식이 왔고, 그다음 날에는 이미 개성을 지났다는 소식이 들려왔어요.

다급해진 인조는 왕자들을 피신시키고 자신도 강화도로 가려고 했지만 이미 늦어서 남한산성까지밖에 가지 못했어요. 인조는 남한산성에 갇힌 채 속속 도착하는 청나라 군대에 포위되었지요. 갇힌 지 보름쯤 되었을 때에는 청나라의 황제인 태종도 도

착했어요.

왕이 성에 갇히자 전국에서 병사를 이끌고 관찰사들이 달려왔어요. 하지만 근처에도 오지 못하고 모두 청나라 군대에 지고 말았어요. 세자빈과 원손이 피신했던 강화도도 침략당했고요. 청나라 군대가 지나가는 곳마다 마을이 불타고 사람들이 목숨을 잃었어요.

"청나라에 일단 항복합시다. 살길은 그뿐이오."

"오랑캐에 항복이라니 절대 안 됩니다."

신하들은 두 쪽으로 나뉘어 싸웠지만, 결국 인조는 항복했어요. 세자와 왕자를 볼모로 보내는 것 등 말도 안 되는 모든 조건을 따랐어요. 전쟁을 치른 기간은 한 달도 안 되었지만 조선은 엄청난 피해를 입었지요. 그 뒤로 조선은 명나라와 관계를 끊고, 청나라에 충성하게 되었어요.

> 임금이 세 번 절하고 아홉 번 머리를 조아리는 예를 행하였다.
> -《조선왕조실록》〈인조실록〉 중에서

평화를 지켜야 할 이유
삼전도비

유물로 엿보는 전쟁 이야기

삼전도비는 1639년에 만들어진 비석으로, 몽고문, 만주문, 한문 세 가지 문자로 비문이 새겨져 있어요. 정식 명칭은 '대청황제공덕비'예요. 청나라 황제의 덕을 기린다는 뜻이지요.

이름은 좋은 뜻처럼 보이지만, 1636년에 조선을 침략했던 청나라의 황제에게 조선의 왕 인조가 직접 항복한 것을 기념해 만든 비석이에요. 비문은 조선 왕이 어리석어 청나라 황제가 전쟁을 일으켰고 그 어리석음을 깨우쳐 주었다는 식의 내용이에요. 항복을 받고 물러간 청나라는 이 비석을 세우라고 계속 재촉했어요. 조선은 힘이 센 청나라의 요구를 들을 수밖에 없었지요.

병자호란은 명나라를 멸망시킨 오랑캐라며 조선이 이웃 나라 후금(청나라)을 무시한 것에서 시작된 전쟁이에요. 전쟁이 일어났을 때 맞서 싸워 나라를 지키는 것도 중요하지만, 전쟁이 일어나지 않도록 힘을 키우고 평화를 지키는 일도 중요해요.

삼전도비(ⓒe뮤지엄)

우리 문화재가 프랑스에 있는 까닭

병인양요

　조선 말기, 이 무렵 영국, 프랑스, 독일, 미국, 러시아 같은 서양의 나라들은 산업이 발달하고 경제적으로도 풍요로웠어요. 그래서 나라 밖으로 눈을 돌려 더 많은 식민지를 차지하려고 했지요. 그 검은 손길은 인도, 청나라에도 왔고, 청나라와 긴밀한 관계인 우리나라에도 들어왔어요.

　정조 임금 때 먼저 서학이라는 이름의 학문으로 들어온 천주교는 나날이 깊이 뿌리를 내렸고, 이즈음에는 청나라에서 신부를 초청하기까지 했어요. 프랑스에서 청나라로 파견되었던 신부 중 여러 명이 조선에도 와서 선교를 했지요.

　한편 조선에서는 열두 살의 어린 나이로 왕위에 오른 고종 대신 임금의 아버지인 흥선 대원군이 권력을 쥐고 흔들었어요. 흥선 대원군은 자꾸만 두만강 쪽으로 넘어와 교역(나라끼리 물건을 사고 파는 것)을 하자는 러시아가 골칫거리였어요.

"지금은 작은 것을 사고팔지 모르나 나중에는 온 나라를 팔아야 할 수도 있다."

"프랑스가 러시아와 대적할 만합니다. 프랑스를 끌어들여 힘을 빌리면 러시아가 조선에 함부로 굴지 못할 것입니다."

주변의 천주교인들이 프랑스인 신부들에게 부탁해 프랑스의 힘

을 빌려 보자고 흥선 대원군을 설득했어요. 흥선 대원군은 만약 일이 잘 되면 나라에서 천주교를 믿을 수 있게 허락해 주겠다고 약속했지요.

그런데 이 일을 도와줄 베르뇌 주교가 한양 밖으로 멀리 가 있던 탓에 약속보다 늦게 한양에 도착했고, 그 사이 흥선 대원군에게는 베이징의 소식이 전해졌어요.

영국과 프랑스 연합군이 베이징을 함락시킨 이후, 청나라 곳곳에서 서양인 선교사들을 죽이고 있다는 소식이었지요. 청나라의 천주교 탄압 소식에 신하들은 프랑스를 끌어들이려는 계획을 당장 중단하라고 흥선 대원군을 압박했어요. 그리고 왕실의 어른인 조대비까지 천주교인들을 비난하고 나섰지요.

흥선 대원군은 프랑스에 연락하기로 한 일을 없던 일로 하고, 천주교를 허가하지 않기로 했어요. 그뿐만이 아니었어요.

"천주교를 믿는 사람을 무조건 잡아들여 처형시켜라."

이 명령이 떨어지자 전국에서 수천 명의 천주교인이 잡혀 처형되었어요. 이때 조선 땅에 들어와 있던 프랑스인 신부 아홉 명도 붙잡혀 처형당했지요. 병인년에 벌어진 이 박해를 '병인박해'라고 해요.

천주교 박해가 심해지자 숨었다가 간신히 살아서 도망친 프랑스인 리델 신부는 청나라 톈진에 주둔해 있던 프랑스 로즈 제독에게 찾아가 조선에서 벌어진 일들을 이야기했어요.

"조선은 청나라가 감독하는 나라가 아닙니까? 우리 프랑스인 신부들을 죽이도록 청나라가 허락한 게 맞습니까? 이런 야만적인 일을 보고 가만히 있을 수 없습니다."

로즈 제독은 조선이 청나라의 허락을 받고 병인박해를 일으킨 것이 아니냐고 청나라에 따졌어요.

"조선이 청나라에 조공을 바치는 것은 맞지만 형식적일 뿐이고 사실 조선은 독립국이나 마찬가지입니다."

청나라는 슬쩍 발을 빼며 모른 척했어요.

그래서 로즈 제독은 조선에 직접 따지기로 했지요. 먼저 배 세 척을 보내 강화도에서 한강까지 이르는 길을 살피고 지도를 만들었어요. 심지어 한강을 거슬러 올라와 양화진, 서강까지 살피고 갔어요.

그런 후 군함 일곱 척을 이끌고 길 안내를 해 줄 조선인들과 함께 조선으로 왔어요. 그리고 강화도에 도착해서 그곳을 단번에 점령했지요.

"우리가 지금 조선을 공격한 것은 우리 프랑스인 신부들을 처형했기 때문이다. 이 일에 책임 있는 자들을 처벌할 것이다. 또한 조선이 프랑스인 아홉 명을 처형했으니, 조선인은 9천 명이 희생될 것을 각오하라!"

조선 조정에서는 제주목사 양헌수를 불러 프랑스군에 빼앗긴 강화도를 되찾으라고 명했어요. 강화도를 점령한 프랑스군을 그대로 두었다가 한양까지 공격당하면 안 되니까요.

현대식 무기를 가진 프랑스군에 밀리는 조선군은 밤에 몰래 들어가 강화도의 정족산성을 점령했어요. 그리고 500여 명의 군대를 나누어 배치하고 프랑스군이 정족산성을 다시 공격하기를 기다렸지요.

조선군이 정족산성을 점령했다는 소식을 들은 로즈 제독은 부하 올리비에 대령에게 공격 명령을 내렸어요. 올리비에 대령은 조선군을 얕잡아 보고 간단한 무기만 가지고 공격에 나섰어요. 하지만 조선군이 프랑스군에게 일제히 포격을 가해 그 전투에서 이겼지요.

로즈 제독은 다시 정족산성을 공격할 생각이 없었어요. 한 달 가까이 강화도를 점령하고 있으면서 프랑스군이 많이 지친 상태였거든요. 대신 강화도에 있던 조선의 고문서, 책 등의 보물을 약탈해 돌아갔어요.

천주교인을 박해한 것을 혼내러 왔다는 구실이었지만, 프랑스군이 강화도를 공격한 다음 흥선 대원군은 더 화가 나 천주교인들을 더욱 박해했어요. 외국 세력을 조선에 들이면 안 되겠다는 생각도 더욱 굳어졌답니다.

> 적선이 쫓겨 나가기는 하였으나, 아직 멀리 갔다고 볼 수는 없으니, 엄한 경계를 늦출 수는 없습니다. 염려를 놓을 수 있을 때까지 방어할 수 있도록 허락하여 주소서.
>
> -《조선왕조실록》〈고종실록〉중에서

돌려받아야 할 문화재
외규장각 의궤

유물로 엿보는
전쟁 이야기

규장각은 정조가 왕에 즉위하면서 만든 왕실 도서관이자 학술, 정책 연구 기관이에요. 역대 왕들이 쓴 친필 문서 등 왕실에 관련된 문서와 책, 그리고 중국에서 들여온 고서 등을 보관하고 연구했지요.

정조는 강화도에 서고를 더 지어 외규장각이라고 했어요. 여기에 왕실의 행사를 기록한 '의궤'를 비롯한 문서와 책들을 나누어 보관하도록 했어요. 강화도 외규장각은 1866년 병인양요 때 프랑스군이 불태워 사라졌어요. 이때 프랑스군은 외규장각에 있던 많은 책들을 약탈해 갔지요. 1975년, 프랑스 국립 도서관에서 일하던 박병선 박사는 병인양요 때 사라졌던 외규장각 의궤를 그곳에서 발견했어요. 의궤는 박병선 박사와 대한민국 정부의 노력으로 2011년에 다시 우리나라에 돌아왔지만, 국보나 보물 같은 문화재로 등록하지 못했어요. 프랑스는 의궤를 우리나라에 빌려주는 형식으로 돌려주었고, 소유권은 여전히 프랑스 정부에 있기 때문이에요.

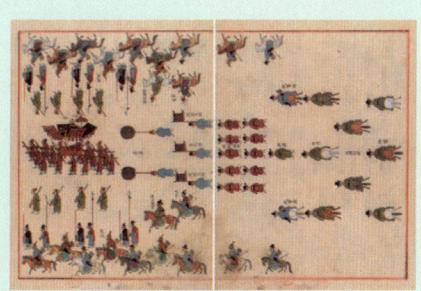
외규장각 의궤(ⓒ국립중앙박물관)

불타는 제너럴 셔먼호와 쇄국 정책
신미양요

　청나라 톈진에는 프랑스뿐 아니라 미국과 영국 배들도 와 있었어요. 청나라를 탐내고 무역을 핑계로 와 있는 나라들이 그만큼 많았지요.

　그중에 미국 상선 제너럴 셔먼호가 있었어요. 무역을 하기 위한 상선이라고는 하지만 현대식 무기를 갖추고 무장한 선원들이 탄 증기선이었지요. 조선과 무역을 하고 싶었던 영국 회사 메도즈 상사는 제너럴 셔먼호를 빌렸어요. 그리고 조선이 좋아할 것 같은 물건들을 잔뜩 싣고 조선으로 떠났지요.

　당시는 프랑스에 배신당했다고 생각한 흥선 대원군이 천주교인들을 크게 박해할 때였어요. 흥선 대원군뿐 아니라 조선 사람들의 마음에도 서양 사람들은 나쁘다는 편견이 박혀 있었어요.

반대로 프랑스는 조선에서 프랑스 신부들이 처형당했으니, 복수를 하겠다고 이를 갈고 있을 때였지요.

어째서 조선이 영국의 교역 요구를 받아들일 거라고 생각했는지 모르지만, 메도즈 상사는 제너럴 셔먼호를 조선에 보냈어요.

제너럴 셔먼호는 서해안을 따라 올라가 대동강을 거슬러 올라왔어요. 그러면서 프랑스군이 곧 쳐들어올 테니 영국과 무역을 하자고 협박을 했어요. 어이없게도 프랑스와 조선의 관계가 험악한 것을 이용하려고 했던 거예요.

"지금 조선의 국법에는 새롭게 다른 나라와 교역을 할 수 없게 되어 있다. 또한 이렇게 예고도 없이 남의 나라 해안선을 따라 들어와 상륙하는 것도 말이 안 된다. 계속하는 것은 전쟁을 부를 뿐이니 대동강에서 당장 나가라."

조선의 관리가 제너럴 셔먼호에 경고했지만 제너럴 셔먼호는 대동강을 계속 항해하여 평양 만경대까지 왔어요. 그래도 조선 관리는 싸움을 걸지 않고 후하게 대접했어요.

그런데 대동강 물이 빠지면서 상황이 바뀌었어요. 바다로 대동강 물이 빠지고 물높이가 낮아지면서 덩치 커다란 제너럴 셔먼호는 나가고 싶어도 다시 바다로 나가지 못하는 상태가 되었어요.

 본의 아니게 대동강에 갇힌 제너럴 셔먼호는 갑자기 초조해져서 조선의 관리 이현익을 납치했어요. 그리고 난폭하게 돌변해서 평양 사람들과 충돌을 일으켰는데, 여기서 죽은 사람도 생겼지요.
 "우리 백성이 목숨을 잃었다. 더 이상 저 배를 그대로 두고 볼 수 없다. 조선인에게 패악질을 부린 외인들의 배를 공격하라."
 평양감사 박규수는 제너럴 셔먼호를 불태우고 선원들을 모두 죽였어요.

 미국은 자기네 나라 배가 불타고 선원들이 희생당하자 거세게 항의했어요. 어떻게 된 일인지 조사를 하러 온 미국은 제너럴 셔먼호가 난폭하게 굴었던 사정을 알게 되었지만 조선을 공격하기로 결정했어요. 제너럴 셔먼호를 빌려 조선에 교역을 요구했던 건 영국 회사 메도즈 상사였지만, 이참에 미국도 조선에 교역을 요구해 볼까 하는 생각이 들었던 거예요.

 일본 나가사키에 주둔 중이던 미국 함대가 조선으로 향했어요. 군함 다섯 척에 1,230명의 병사들로 이루어진 함대였지요.

 로즈 제독이 해안선을 측량했던 것처럼 미국 함대도 강화도에서 한양으로 가는 바닷길을 측량하겠다고 일방적으로 통보했어요. 하지만 이것은 명백한 침략 행위였어요. 이에 강화도를 지키던 포대가 미국 함대를 기습 공격했지요.

 미국 함대는 평화적으로 측량하는 배에 포를 쏘는 것은 야만적이라고 항의하고, 협박했어요.

 "평화적으로 측량하는 배에 포를 쏘는 것은 불법이다. 평양에서 우리 미국 상선 제너럴 셔먼호가 불태워진 일도 있으니, 조선은 이 일들에 대한 책임을 져야 한다. 협상에 응하지 않는다면 우

리는 조선을 공격할 수밖에 없다."

 하지만 조선은 받아들이지 않았어요. 한양으로 이어지는 강화 해협에 허락 없이 들어온 것은 침략이나 다름없었기 때문이지요.

 미국은 강화도의 초지진을 공격하고 점령했어요. 그리고 이어서 덕진진도 점령했지요.

　광성보에는 어재연 장군이 이끄는 수비병이 600명 정도 있었는데, 바다와 육지 양쪽으로 미군의 공격을 받아 광성보도 곧 함락되고 말았어요.
　미국은 우리나라와 지금 사이가 좋은 편이지만, 이렇게 싸웠던 적도 있어요.

엄청난 군사력으로 강화도를 공격하고 협상과 교역을 요구했지만 이번에도 흥선 대원군은 꿈쩍도 하지 않았어요. 오히려 외국 세력을 들이지 않겠다는 마음이 더욱 굳어졌고, 전국 곳곳에 척화비를 세워 쇄국 정책의 의지를 더 강하게 보여 주었지요.
　결국 조선과 교역하려는 미국의 개항 시도는 실패했어요. 불과 20여 년 전 힘으로 일본에 교역을 요구했을 때에는 통했는데, 조선에는 통하지 않았던 거예요.

> 강화 진무사 정기원이 보고하기를 "미국배가 다시 항구로 들어와서 광성진을 습격하고 함락하였는데, 중군 어재연이 힘껏 싸우다가 목숨을 바쳤고, 사망한 군사가 매우 많습니다."라고 하였다.
> 　　　　　　　　　　　　　　-《조선왕조실록》〈고종실록〉중에서

돌려받아야 할 문화재
어재연 장군기

유물로 엿보는 전쟁 이야기

　아래 사진 속 깃발에 있는 글자 '帥'는 장수, 군대의 우두머리를 뜻하는 '수' 자예요. 이 깃발은 신미양요 때 강화도를 지키던 어재연 장군이 사용하던 깃발이에요.

　미군이 강화도에 침략했다는 보고를 받은 조선 조정은 어재연 장군을 강화도로 보내 지키게 했어요. 어재연 장군은 광성보에 이 깃발을 걸고, 600여 명의 군사와 함께 미군에 대항했지요. 최신 무기를 가지고 싸우는 미군에 조선군은 결국 지고 말았어요. 어재연 장군도 이 싸움에서 전사했고요.

　이때 미군은 어재연 장군기를 내리고, 미국 국기를 걸어 승리를 자축했어요. 그리고 어재연 장군기는 전리품으로 가지고 갔지요. 우리에게는 패배한 아픈 역사지만, 미국 해군에게는 승리한 역사여서 미국 해군사관학교 박물관에 소장하며 기념했어요. 어재연 장군기는 돌려달라는 우리나라의 요청으로, 미국이 빌려준 형식으로 지금 우리나라에 와 있어요.

수자기 복제품(ⓒe뮤지엄)

한반도의 역사를 뒤흔든 불평등 조약
강화도 조약

　교역을 빌미로 우리나라를 침략하려고 했던 프랑스와 미국이 강화도에서 벌인 두 번의 전쟁, 병인양요와 신미양요 때문에 외국 세력은 절대 들이지 않겠다는 흥선 대원군의 쇄국 정책이 오래 이어졌어요.

　전국 곳곳에 이런 생각을 적은 척화비를 세웠어요. 사람들이 글을 읽고 쇄국 정책에 따르게 하기 위해서였지요.

　"서양 오랑캐가 침입하는데 싸우지 않으면 화친하는 것이요, 화친을 주장하는 것은 나라를 팔아먹는 것이다."

　그런데 흥선 대원군이 권력에서 물러나고 고종이 직접 정치를 하게 되자, 일본은 호시탐탐 조선을 엿보았어요. 흥선 대원군은 절대로 나라 문을 열어서는 안 된다고 주장했지만, 고종은 외국과 교역을 하고 싶어 할지도 모르니까요.

만약 그렇다면 교역을 하자는 핑계로 일단 들어와 조금씩조금씩 침략을 할 수도 있기 때문이에요.

이것은 영국이 청나라에 침입할 때, 미국이 일본에 침입할 때도 똑같이 썼던 전략이었어요.

그렇게 해서 일본 군함 운요호가 부산항에 들어왔어요. 무장한 군함이 들어오자 조선의 관리가 막으며 말했어요.

"조선의 허락 없이 부산에 군함이 들어와서는 안 됩니다."

일본군은 부산에 파견한 외교관에게 책임을 물을 것이 있어서 그러니 잠시만 항구에 배를 대게 해 달라고 했어요. 사실 모두 다 핑계였어요.

부산에 배를 댄 운요호는 조선의 관리 현석운을 태우고는 발포 훈련을 하는 것을 보여 주었어요. 운요호의 무기가 강하고 신식이라는 것을 자랑도 하고 은근히 위협하기 위해서였어요.

그 뒤 몇 달 동안 운요호는 동해안과 남해안의 해안선을 누비며 이것저것 조사하고 다녔어요. 평화적으로 조사만 하겠다고 했지만 정상적으로는 군함이 남의 나라 해안선을 마음대로 항해하면 안 되는 거예요.

 그러던 어느 날 운요호가 갑자기 서해안의 강화도까지 올라왔어요. 강화도는 한강이 서해안과 닿는 곳에 있고, 한강을 거슬러 오르면 바로 서울 한성이어서 절대 지켜야 할 요지였지요. 그래서 운항 허가를 받은 배만 강화도 근처를 다닐 수 있었지만, 허가도 없이 운요호가 들어온 거예요.

 강화도 근처에 배를 댄 일본군은 작은 보트에 나눠 타고 상륙을 시도했어요. 조선군은 일본 보트에 포를 쏘았고, 일본군은 철수하면서 초지진을 공격했어요.

이 공격으로 초지진 대포의 사정거리 밖에 있던 운요호는 큰 피해가 없었지만 운요호의 함포 사격으로 초지진은 크게 파괴되었어요.

같은 날 오후에 운요호는 남쪽의 영종진을 공격했어요. 신식 무기에 대적하지 못해 조선군은 힘없이 패배하고 말았어요. 일본군은 영종진의 무기를 빼앗고 불을 지르는 등 온갖 만행을 저지르고 떠났어요.

하지만 이게 끝이 아니었어요. 일본군은 이듬해인 1876년에 군함을 또 보냈어요. 운요호의 힘을 보여 준 뒤, 또다시 군함을 몰고 와 조선을 협박하는 것이었어요.

"조선군이 일본의 운요호를 먼저 공격했으니, 우리와 협상을 해야 합니다. 협상의 조건은 조선과 일본의 조약 체결입니다."

결국 일본의 끈질긴 요구에 못 이기고 조선은 일본과 조약을 맺기로 했어요. 이렇게 '조일 수호 조규'가 맺어졌어요.

'조일 수호 조규'라는 이름은 '조선과 일본이 좋은 관계를 이어 나가기 위한 조약'이라는 뜻이지만 사실 조선에는 불리하고 일본에만 유리한 조약이었어요.

　이 조약에는 일본이 마음대로 조선의 해안선을 조사할 수 있고, 조선이 부산 외에 두 개의 항구를 일본에 열어야 한다는 조항이 있었어요. 또 개항한 항구에서 일본인이 범죄를 저질러도 조선의 법으로 처벌받지 않고 일본의 법으로 처벌한다는 조항도 있었지요. 모두 조선에 불리한 조항들이지요.

가장 첫 번째 조항만 옳고 당연한 말이 적혀 있었어요.

"조선국은 자주 국가로서 일본국과 평등한 권리를 보유한다."

옛날 임진왜란 때 명나라가 조선을 도와주었던 일처럼, 청나라가 나서서 조선과 일본의 조약을 방해할까 봐 만든 조항이에요. 하지만 1조에 조선과 일본이 평등하다고 적어 놓고, 그다음 조항은 모두 일본에만 유리하게 적어 놓은 이상한 조약이지요. 이 조

약을 '강화도 조약'이라고도 해요.

  강화도 조약을 맺음으로서 조선의 쇄국 정책은 끝이 났어요. 이 조약 이후, 조선은 '우리는 외국과 교역하지 않는 원칙이 있다'는 핑계를 댈 수 없게 되었어요. 흥선 대원군이 그렇게 막으려고 했던 외국과의 교류를 시작하고, 근대 문물을 합법적으로 받아들일 수 있게 된 것이지요. 그렇지만 이 불평등한 조약은 일본이 조선을 침략하게 한 발판이 되기도 했어요.

> 조선국 연해의 도서와 암초는 종전에 자세히 조사한 것이 없어 극히 위험하므로 일본국 항해자들이 수시로 해안을 측량하여 위치와 깊이를 재고 도지를 제작하여 양국의 배와 사람들이 위험한 곳을 피하고 안전한 데로 다닐 수 있도록 한다.
>
> -《조선왕조실록》〈고종실록〉중에서

강화도 조약으로 강제로 문을 열다
연무당

유물로 엿보는 전쟁 이야기

　강화도는 수도 한양을 지키기 위한 군사 요지였어요. 초지진, 덕진진, 광성보, 망양돈대, 갑곶돈대 등 지금도 남아 있는 국방 유적들을 보면 강화도 전체가 하나의 요새라고 할 수 있어요.

　강화도 연무당은 이곳을 지켰던 병사들이 체력을 단련하고 전투에 대비했던 훈련장이에요. 강화도가 군사적으로 무척 중요했던 곳인 것을 생각하면, 이곳에서 병사들이 얼마나 열심히 훈련했을지 짐작할 수 있어요.

　이 강화도에서 일본은 운요호 사건을 일으키고 무장한 군함으로 우리 정부를 위협해 억지로 조약을 맺게 만들었지요. 조약의 정식 명칭은 '조일 수호 조규'이지만, 강화도에서 체결했다 해서 흔히 '강화도 조약'이라고 불러요. 조약

연무당(ⓒe뮤지엄)

을 체결했던 연무당 건물 주변을 일본군이 에워싸고 있는 이 사진은 조약의 불평등함과 무력을 앞세운 일본 제국주의의 부당함을 보여 주지요. 연무당은 지금은 없고 터만 남아 있어요.

저 산만 넘으면 조선 땅인데
봉오동 전투, 청산리 대첩

"우리가 나라를 빼앗기고 준비 없이 군대를 일으켰다가 만주로 쫓겨 와 지냈지만, 이렇게 훈련만 한다고 독립이 되는 게 아닙니다. 이만큼 힘을 키웠으니 이제 압록강 건너, 두만강 건너 조국 땅으로 건너가 일본군을 몰아내야 합니다."

1910년에 나라를 일본에 빼앗기고 난 뒤 전국 각지에서 일본에 맞서 의병을 일으킨 사람들이 많았어요. 그중에는 군인 출신도 있고, 포수 출신처럼 무기를 다룰 줄 아는 사람도 있었지만 대부분은 손에 처음 무기를 잡아 본 사람들이었지요. 그래서 일본군에게 당하기 일쑤였어요. 일본군은 최신 무기로 무장하고 훈련된 군대였지만 의병은 원래 군대도 아니었고 무기도 부족했으니까요.

많은 의병들이 일단 힘을 키우기 위해 나라 밖으로 이동했어요.

만주, 연해주, 간도 등으로 옮겨 가 독립군 학교를 세우고 군대를 훈련시켜 힘을 길렀지요. 이렇게 모인 독립군 중에 홍범도, 김좌진 같은 사람들이 있었어요.

1919년 3월, 3·1 운동이 일어난 후 나라 안팎에서는 독립을 위해 싸우자는 목소리가 커졌어요. 3·1 운동이 일어나자 우리나라 사람들의 독립 의지를 보고 일본은 깜짝 놀랐지만, 평화로운 만세 운동은 무력으로 눌리고 말았거든요.

나라 밖에서 힘을 키우던 많은 독립군들은 국내로 들어가 일본군을 직접 공격해야겠다고 생각했어요. 그러기 위해 흩어져서 따로 있던 독립군들이 모여 힘을 합치기도 했지요.

그러다 1920년 독립군 홍범도와 최진동의 부대가 두만강을 건너 함경북도에 있는 일본군 헌병 초소를 습격하고 돌아왔어요.

"멍청한 놈들! 대일본의 군대가 오합지졸 아무것도 아닌 독립군 놈들한테 당했다고? 이 독립군 놈들을 한 명도 남김 없이 쓸어 버리고 말겠다."

일본군은 독립군이 국내로 들어오기 전에 전멸시키기로 마음먹었어요. 그래서 큰 병력을 이끌고 독립군이 있는 근거지로 출동했지요.

하지만 이를 미리 알고 있었던 독립군은 자신들의 계획대로 일본군을 유인했어요. 먼저 삼둔자에 숨어 있다가 일본군이 오자 일제히 공격해 크게 승리했지요.

삼둔자 전투에서 패한 일본군은 독립군에게 복수를 하려고 단단히 별렀어요. 그리고 봉오동에 모여 있다는 독립군 부대를 토벌하기로 했지요. 봉오동은 최진동 형제들이 땅을 사서 한인 마을과 독립군 기지를 만든 곳이었어요. 그만큼 주변 지형을 잘 알고 있고, 이를 전투에 활용하기에 유리했지요.

네 개의 부대로 나뉜 독립군은 작전에 따라 숨고, 홍범도가 이끄는 부대가 일본군을 유인했어요. 도망치는 척하면서 봉오동 계곡으로 유인한 것이지요. 포위망에 걸려든 일본군은 갈팡질팡하다가 기다리던 독립군의 맹공격에 쓰러졌어요. 이 전투로 일본군은 157명의 전사자와 200여 명의 부상자가 생겼는데, 독립군은 4명이 전사했고 부상자도 적었어요.

"이놈들은 예전의 의병 같지 않습니다. 독립군 놈들을 소탕하려면 큰 병력이 필요합니다."

놀란 일본군은 간도 지역에 엄청난 병력을 파견했어요. 그리고 중국에 독립군을 토벌하겠다고 통보를 했어요. 하지만 독립군과 친하게 지냈던 중국군은 독립군에게 미리 귀띔해 주었어요.

"일본군이 간도로 큰 병력을 보낸다 하니, 미리 피하시오."

소식을 들은 독립군 부대들은 화룡현의 이도구·삼도구 일대로 모였어요. 북로 군정서, 서로 군정서, 홍범도 부대 등이었어요.

"언제까지 쫓기기만 하겠습니까? 언제까지 피하겠습니까? 우리 부대들이 힘을 합하면 이길 수 있습니다."

독립군 부대는 의논 끝에 일본군에 맞서 싸우기로 했어요.

이번에도 먼저 유리한 지형에 진을 치고 기다렸어요. 김좌진과 이범석이 이끄는 부대는 기다란 청산리 계곡에 숨어서 일본군을 기다렸어요. 일본군이 계곡에 들어섰을 때, 높은 곳에서 내려다보면서 공격할 수 있었지요. 일본군은 그대로 당했어요.

"일본군이 도망치더라도 쫓지 마라. 가만두었다가 잔당들까지 모조리 공격할 것이다."

한편, 같은 시간 멀지 않은 이도구에서는 홍범도 부대가 일본군에게 포위되어 공격당하고 있었어요. 하지만 이것도 작전이었어요. 총알이 빗발치는 전쟁터에서 홍범도 부대는 슬쩍 빠져나왔어요. 일본군은 독립군을 포위하고 공격하는 줄 알았지만 사실은 자기들끼리 싸우게 되었지요.

철수한 김좌진 부대는 대기하던 일본군 기병대 부대를 공격해 전멸시키고, 일본군의 반격에 대비했어요. 예상대로 일본군이 반격해 왔지만, 홍범도 부대가 합세해 일본군을 크게 무찔렀지요.

독립군은 이동하던 중에 일본군의 기습을 당하기도 했어요. 하지만 곧 전세를 역전시켜 오히려 진지를 빼앗은 일본군을 격파했지요.

이렇게 쫓고 쫓기는 싸움이 6일이나 계속되었고, 아까운 독립군 100여 명이 희생되었지만, 일본군은 1,200명이 넘게 죽었지요. 청산리에서 독립군에게 당한 패배는 일본군에게는 몹시 자존심이 상하는 일이었어요. 그래서 일본군은 독립군과 만주에 사는 조선인들에게 더 무자비하게 대하기 시작했지요.

독립군은 어떤 무기를 썼을까?
매켄지의 사진

유물로 엿보는 전쟁 이야기

옆의 사진은 1907년 영국 신문 〈데일리 메일〉의 동아시아 특파원이었던 프레더릭 매켄지가 지금의 양평 지역에서 의병들을 만나 찍은 사진이에요. 그러니까 봉오동 전투나 청산리 대첩이 있기 한참 전이지요.

1907년은 일제가 고종 황제를 강제로 폐위하고 대한제국의 군대를 해산해 버렸을 때예요. 이때 해산된 군인들이 의병에 많이 참여했으니까, 의병들이 든 무기는 옛 군대에서 쓰던 구식 무기들이 많았을 거예요. 포수들의 사냥총도 요긴하게 쓰였겠고요.

프레더릭 매켄지가 찍은 의병 사진

봉오동 전투와 청산리 대첩에 참여한 독립군들은 이때의 의병들보다는 나은 무기를 썼어요. 활동하던 곳이 간도와 연해주였기 때문에 독일, 체코 등 유럽 쪽에서 흘러온 무기들을 구해서 썼어요. 그런 탓에 독립군들이 가진 무기는 제각각 달랐을 거예요. 일본군에 비하면 무기가 턱없이 부족했지만 독립군은 지형을 이용한 뛰어난 전략으로 일본군에 크게 이길 수 있었어요.

슬픈 전쟁의 시작
한국 전쟁 발발과 낙동강 전투

우리의 소원은 통일 / 꿈에도 소원은 통일
이 정성 다해서 통일 / 통일을 이루자
이 겨레 살리는 통일 / 이 나라 살리는 통일
통일이여 어서 오라 / 통일이여 오라

1945년 해방을 맞이한 후 우리나라는 남과 북으로 분단되었어요. 남에는 미군이, 북에는 소련군이 주둔해서 신탁 통치를 하기로 했지요. 우리나라가 스스로 다스릴 힘이 없다고 대신 통치해 준다는 것이었어요. 여기에 찬성하는 사람들도 있었지만, 이것은 우리가 진정으로 바랐던 독립이 아니었어요. 하지만 다툼 끝에 남북 각각의 신탁 통치가 결정되었어요.

우리가 아주 잘 아는 노래 〈우리의 소원〉은 이때 만들어진 노래예요. 남과 북으로 나뉘어 있지만, 하나로 통일하는 것이 우리 겨레의 소원이라는 뜻을 담은 노래랍니다. 노래는 한반도에 울려 퍼졌지만, 결국 남과 북이 갈라져 남에는 민주주의 정부인 대한민국 정부가 수립되고, 북에는 공산당이 세운 조선 민주주의 인민공화국 정부가 세워졌어요.

그리고 남한과 북한은 노래의 아름다운 가사와는 다르게 통일에 대한 각자의 욕심을 품었어요. 남한 정부는 공산당을 모두 몰아내고 북쪽까지 통일하고 싶었고, 북한 정부는 남쪽까지 공산화하고 싶었어요.

그래서 남과 북을 가른 38선에서는 힘겨루기가 자주 벌어졌지요. 누구도 상대방에게 먹히기는 싫었거든요.

그러던 1950년 6월 25일 새벽, 북한 인민군이 38선을 넘어 남쪽으로 침입했어요. 그동안 벌어진 것과 같은 작은 힘겨루기가 아니었어요. 38선 전 지역을 뚫고 남쪽으로 인민군이 한꺼번에 밀고 내려왔어요.

미국과 소련은 남한과 북한에 정부가 세워지면 군대를 철수하기로 약속이 되어 있었어요. 그리고 정부가 세워지자 두 나라의

군대는 약속대로 철수했지요. 하지만 북한이 소련에서 새로운 무기를 들여오는 등 전쟁 준비를 하고 있을 줄은 꿈에도 몰랐어요.

  그날은 일요일이었어요. 주말이라 군인들이 외출을 많이 나가 남한의 군대는 더욱 무방비 상태였지요. 그때를 노려서 북한이 남침한 거예요.

워낙 속수무책으로 당했던 터라, 27일에는 서울이 인민군에게 점령되었어요. 겨우 사흘 만이었지요. 많은 사람들이 전쟁을 피해 남쪽으로 남쪽으로 내려갔고, 대통령과 남한 정부 또한 피난을 가야 했어요.

이 소식이 알려지자 미국을 비롯한 국제 사회는 분노했어요.

"제2차 세계 대전이 끝난 지 얼마나 되었다고 또 전쟁이 일어났다는 거야? 아까운 목숨이 얼마나 많이 희생되었는데, 아직도 정신 못 차리고!"

"얼마 만에 얻은 평화인데! 게다가 같은 민족끼리 싸운다니! 평화를 깨트린 북한을 그냥 두고 볼 순 없지."

세계 평화를 지키기 위해 만들어진 국제 연합(유엔)은 전쟁에 참여해 남한 편에서 싸우기로 결정했어요. 하지만 참전을 위해 준비하고, 어떤 방법으로 남한에 상륙할지를 고민하는 동안 북한 인민군은 거의 남한 전체를 집어삼킬 판이었어요.

계속해서 남쪽으로 후퇴하던 국군은 유엔군이 도우러 왔지만 인민군의 기세에 눌려 8월 1일에는 낙동강까지 밀려 내려왔어요. 전쟁이 일어난 지 겨우 한 달 조금 넘었을 때였어요.

낙동강보다 더 남쪽으로 후퇴할 수는 없었어요. 절대로 그렇게 두면 안 되었어요. 왜냐하면 인민군이 낙동강을 건넌다면 부산에 있는 임시 수도까지 빼앗기게 되고, 그러면 남한 전체를 빼앗긴 것과 다름없기 때문이에요.

유엔군이 속속 도착하고 있는데, 낙동강을 지키지 못하면 제대로 싸워 보지도 못하고 나라를 빼앗길 수도 있었어요. 남한 국군에게는 그만큼 이곳을 지키는 것이 중요했어요. 반대로 생각하면 인민군에게도 중요한 곳이었어요.

"낙동강만 넘어서면 일사천리라. 남조선 인민들을 해방시키고 드디어 조국을 통일할 수 있다. 모두 힘내라."

인민군은 낙동강에서 국군을 압박해 왔어요. 지도로 보면 임시 수도가 있는 부산을 크게 포위하고 있는 모양이었지요.

국군은 필사적으로 이곳을 지켰어요. 변변한 무기도, 보급도 없었던 국군이었지만 결국 지켜 냈어요. 얼마나 싸움이 치열했고, 국군이 잘 지켰냐면, 북한 인민군이 처음 남침해서 낙동강 전선까지 오는 데 한 달밖에 안 걸렸지만, 낙동강 전선에서 국군과 싸우다 인민군이 물러나기까지는 거의 두 달이 걸렸어요.

국군이 이렇게 낙동강 전선을 방어하는 동안, 맥아더 장군이 이끄는 유엔군은 준비를 마치고 9월 15일 드디어 인천에 상륙하

는 데 성공했어요. 인천을 점령한 유엔군은 곧 서울을 되찾고, 인민군에 반격해 북쪽으로 공격할 수 있게 되었지요.

두 달 가까이 힘겹게 힘겹게 낙동강 전선을 지킨 일은 전체적인 전쟁의 흐름을 국군과 유엔군 쪽으로 돌릴 수 있는 중요한 발판이었어요.

3년 만에 수도를 떠나다
부산 임시 수도

유물로 엿보는 전쟁 이야기

대한민국의 수도는 서울이지요. 하지만 서울이 수도가 아니었을 때도 있었어요. 1950년 6·25 전쟁이 일어나 북한 인민군에게 수도 서울을 빼앗겼을 때예요.

서울을 빼앗겼지만 대한민국 정부가 무너진 것은 아니었어요. 인민군에게 서울을 빼앗기기 전에 이승만 대통령, 이시영 부통령 등 정부의 중요한 사람들이 서울을 빠져나갔지요. 미처 대처하지 못한 사이 인민군은 계속 밀고 내려갔고, 대한민국 정부는 남쪽 끝 부산에 임시 수도를 차려야만 했어요.

얼마 후 인천 상륙 작전이 성공하고 서울을 되찾아 정부는 세 달 만에 서울로 돌아왔어요. 하지만 이것도 잠시, 서울을 인민군에 빼앗겨 다시 부산으로 가야만 했지요. 그 뒤, 전쟁이 계속된 긴 시간 동안 부산은 수도 노릇을 했어요. 부산에서 두 번째 국회의원 선거와 대통령 선거도 치렀지요.

부산 임시 수도 정부청사

진정한 영웅이란
중공군 춘계 공세와 휴전

　1950년 9월 15일, 맥아더 장군이 연합군을 이끌고 인천에 상륙한 데 이어, 9월 28일에는 서울을 되찾았어요. 그리고 여세를 몰아 인민군을 북쪽으로 몰아가기 시작했지요. 전쟁 준비를 했던 인민군에 준비하지 못했던 국군이 속수무책 당했던 것처럼, 훨씬 더 좋은 무기를 갖춘 유엔군을 인민군은 당해 내지 못했어요.

　대한민국 정부의 첫 번째 대통령 이승만에게는 전쟁 전부터 북쪽 땅까지 모두 통일하고 싶다는 욕심이 있었어요. 그래서 유엔군과 국군의 연합군이 인민군을 공격해 38선을 되찾았을 때, 여기서 전쟁을 멈출 것이 아니라 계속 북으로 북으로 공격해 주길 바랐어요.

　"맥아더 장군, 38선에서 공격을 멈추지 말고, 인민군을 아예 두만강 끝까지, 압록강 끝까지 몰아붙여 주시오. 전쟁이 이왕 시작된 참에 통일이나 하게 해 주시오!"

미국도 그 생각에 동의해서 맥아더 장군에게 중국 국경이나 소련 국경을 침범하지 않는다면 38선 북쪽으로 더 진격해도 좋다고 했어요. 북한의 북쪽 국경은 중국, 소련(러시아)과 닿아 있는데, 자칫 잘못해 중국이나 소련 땅을 침범하면 지금 치르는 전쟁보다 훨씬 더 큰 전쟁이 벌어질지도 모르니 조심해야 했지요.

맥아더 장군은 북쪽으로 공격을 하는 한편, 북한의 김일성 주석에게 항복하라고 권유했어요. 김일성 주석이 그 말을 들을 리가 없지요. 전쟁을 일으킨 사람이 바로 자신이니까요.

맥아더 장군과 유엔군은 무서운 기세로 북쪽을 향했어요. 10월 10일에는 강원도 원산을 점령하고, 10월 20일에는 평양을 점령했지요. 그리고 계속 북을 향해 11월 21일에는 압록강 근처 혜산에 도착했어요. 조금만 더 올라간다면 공산주의 국가 북한이 민주주의 국가 남한의 손에 들어가는 것이었어요.

하지만 압록강 너머는 중국 공산당이 지배하는 중국이었어요. 중국은 전쟁의 흐름을 보고 참여하려고 기다리고 있던 참이었어요. 그런데 유엔군이 북한과 중국의 국경, 그러니까 압록강 근처까지 오자 중공군이 참전할 이유가 생겼어요. 자기네 땅을 침범했다는 것이지요.

지금도 그렇지만 중국은 인구가 참 많았어요. 북한을 형제의 나라라고 여기는 중국은 중공군 70만 명을 전쟁에 보냈어요.

"인민 해방군이여, 가서 형제들을 도우라. 유엔군을 모두 몰아내고, 북조선 형제들의 인민 해방을 완성시키라."

인천에 상륙한 지 두 달 만에 압록강까지 밀고 올라갔던 유엔군이 중공군에 막히더니 뒤로 밀리기 시작했어요. 뒷걸음치듯 후퇴를 거듭해 남쪽으로 내려왔어요. 그렇게 해서 12월에 유엔군은 중공군에 평양을 빼앗기고 말았어요. 그리고 1월 4일에는 서울까지 또다시 빼앗겼어요. 서울로 돌아왔던 대한민국 정부도 또다시 피란을 가야 했고요.

1951년 4월이 되자, 중공군과 유엔군은 예전의 국경인 38선 근처에서 서로 마주 보게 되었어요. 유엔군은 이제 전과 같이 38선 정도에서 국경이 정해진다면 그대로 전쟁을 멈출 생각도 있었어요. 그런데 중공군과 북한의 김일성 주석은 아니었어요. 한반도에 들어온 유엔군을 모조리 몰아내겠다는 생각이었지요.

이승만 대통령이 유엔군을 북쪽까지 진격시킨 것과 같은 생각이었어요. 중공군이 그렇게 많은 병력을 참전시킨 것도 그런 생각 때문이었고요. 누구도 양보할 수 없었기에 유엔군과 중공군의 전투는 더욱 치열했어요.

이때 국군을 지휘해 중공군의 거센 공격을 이겨 낸 여러 군인들 중에서도 특별한 지휘관이 있어요. 미국 한인 2세 출신인 김영옥 대위예요. 김영옥 대위는 제2차 세계 대전에 참전했다가 군에서 전역했지만, 조국에 전쟁이 일어났다는 소식을 듣고 다시 입대

했어요. 전쟁이 얼마나 무서운 것인지 알면서도 아버지의 나라를 지키려고 다시 입대해서 멀리 한국 땅까지 온 것이지요. 김영옥 대위는 이때 처음 아버지의 나라에 발을 디뎠어요.

4월 중공군이 무서운 기세로 공격하던 때, 바로 중공군과 대치해 있던 소양강 전선에 김영옥 대위가 속한 31연대가 배치되었어요. 김영옥 대위는 유엔군과 국군이 후퇴할 때 이를 돕는 임무를 맡기도 했어요. 김영옥 대위에게 맡겨진 부대는 아주 작은 소대였지만, 후퇴하던 국군을 함께 지휘해 작전을 무사히 마쳤지요.

김영옥 대위가 있었던 31연대 1대대는 장진호 전투 등에서 후퇴하면서 지휘관도 잃고 부대원도 많이 잃어 사기가 무척 떨어진 부대였어요. 하지만 김영옥 대위가 몸소 뛰어다니며 병사들을 다독여, 나중에는 가장 전투력이 강한 부대가 되었어요.

중공군과 맞닥뜨린 가로로 긴 전선에서 뿔처럼 한 곳만 북쪽으로 툭 튀어나가 있었는데, 그곳이 바로 김영옥 대위의 부대가 배치된 곳이었어요. 김영옥 대위는 훌륭한 지휘관임을 인정받아 소령으로 진급도 했지요. 그러나 전쟁은 훌륭한 지휘관 한 명, 한 부대의 전투력으로 결정되는 것은 아니에요.

중공군과 유엔군의 대치는 계속되었어요. 유엔군도, 중공군도

모두 지친 상태로 서로 땅을 빼앗았다 다시 빼앗기기를 반복하며 전쟁을 이어 갔어요. 1953년에 정전 협정이 체결될 때까지 계속되었으니 정말 긴 시간이었지요. 그 결과 38선 대신 오늘날과 같은 들쭉날쭉한 휴전선이 그어지게 되었어요.

아직 끝나지 않은 전쟁
판문점

 6·25 전쟁으로 수많은 목숨이 희생되었어요. 남한과 북한 할 것 없이 전쟁으로 죽은 사람, 다친 사람, 생사를 알 수 없이 돌아오지 않은 사람들이 수백만 명에 이르고, 이 전쟁을 돕기 위해 참전한 유엔군과 중공군의 희생도 어마어마했어요.

 전쟁으로 가족과 이웃을 잃은 많은 사람들이 전쟁이 끝나기만을 기다렸어요. 하지만 전쟁은 쉽게 끝나지 않았어요.

 1951년에 휴전 이야기가 나오기 시작했지만, 경계선은 어디로 할 것인지, 양쪽의 포로는 어떻게 처리할 것인지 등을 두고 의견이 갈렸지요. 이렇게 휴전 회담을 하는 중에도 곳곳에서 전투는 계속 벌어졌어요. 그리고 1953년 7월 27일에 드디어 휴전 협정이 이루어졌지요. 전쟁이 벌어진 지 꼬박 3년을 채운 뒤였어요. 양측이 휴전 협정을 맺은 판문점 구역은 '공동 경비 구역'이에요. 전쟁을 한 양측이 여전히 무장을 하고 있지만 휴전으로 평화를 가져온 상징적인 장소랍니다.

판문점

작가의 말

옛날 지도들을 보면 땅 모양이 지금과 다르기도 하지요. 전쟁으로 지도의 땅 모양이 바뀌어 온 이야기를 들으면 "우아, 우리 땅이 저렇게 넓었다고?" 하거나 "우리가 저 큰 나라를 이긴 적도 있었네." 하며 신기하고 약간은 의기양양한 기분이 들기도 해요. "우리한테 저렇게 잔인하게 굴었다니, 정말 못됐어." 하며 분한 마음이 들기도 하고요.

전쟁은 지도 모양을 바꾸고, 어제의 친구를 오늘의 적으로 바꾸기도 해요. 친구인 척하기도 하고, 아무렇지 않게 약속을 깨기도 해요. 전쟁으로 새로운 문물을 받아들이기도 하고, 전쟁에 이기려고 새로운 물건들을 발명해 기술이 발전하기도 하지요. 전쟁에 이겨서 어떤 사람은 왕이 되고, 어떤 나라는 영토를 넓혀요. 하지만 전쟁이 가장 많이 바꾼 것은 사람들이에요. 전쟁 때문에 먹을 것과 살 곳을 빼앗기고, 목숨을 잃는 사람들이지요. 그래서 전쟁을 겪은 사람들은 평화가 얼마나 소중한지 알아요.

이 책은 한반도에 살았던 사람들이 겪었던 전쟁에 관한 이야기예요. 전쟁에 이겨 다행이었고, 전쟁에 져서 분했고, 전쟁으로 이웃을 잃어 슬프기도 했던 이야기들이 담겨 있어요. 전쟁이 일어났을 때 사람들이 얼마나 용감하고 슬기롭게 맞섰는지, 전쟁의 결과로 역사가 어떻게 흘러갔는지도 살펴보고, 전쟁이 사람들을 얼마나 희생시키는지도 알 수 있어요. 그리고 우리는 전쟁 이야기에서 오히려 평화를 배울 수 있어요. 평화가 소중하다는 것을 잊었을 때 전쟁이 일어나곤 하니까요.

우리는, 그러니까 남한과 북한은 아직 전쟁 중이에요. 평상시에는 느끼지 못하지만 우리는 전쟁 중이에요. 전쟁이 일어나 싸우는 중이었는데, 그것을 잠깐 쉬기로 한 것일 뿐이지요. 수십 년째 전쟁 중인 나라에서 살고 있는 우리는 어쩌면 세계에서 평화를 가장 잘 배울 수 있는 사람들일지도 몰라요.

지금 우리가 오랫동안 쉬고 있는 이 전쟁이 역사를 어떻게 바꾸게 될까요? 또 사람들을 어떻게 바꾸게 될까요? 짐작할 수 없지만, 이 전쟁이 역사로 기록될 때 '평화' 두 글자가 함께 적히면 좋겠어요. 그러기 위해 우리 모두가 노력해요.

김시은

참고 문헌

《삼국사기》
《삼국유사》
《고려사》
《조선왕조실록》
국사편찬위원회 웹사이트
공훈전자사료관 웹사이트
한국민족문화대백과사전 웹사이트